HISTOIRE

DE SA MAJESTÉ

LOUIS XVIII,

IMPRIMERIE DE J.-B. IMBERT.

HISTOIRE
DE
LOUIS XVIII,
ROI DE FRANCE ET DE NAVARRE.

PARIS,
Félix BELLAVOINE, Libraire,
RUE DES NOYERS, N.º 8.

1824.

A PARIS, DE L'IMPRIMERIE DE LEBÈGUE,
RUE DES NOYERS, N° 8.

PRÉFACE.

En écrivant cette histoire du Souverain de la France, d'un Prince qui règne, j'ai senti toute la témérité de mon entreprise. L'ardent amour dont mon âme est pénétrée pour mon Roi et mon pays, m'a seul fait surmonter la crainte de voir ma faible plume trahir mon zèle. J'ai été tenté plus d'une fois de m'arrêter.... S'il ne fut permis qu'au seul Apelle de reproduire sur la toile les traits d'Alexandre-le-Grand, de même ne devrait-il être réservé qu'à un nouveau Tacite de tracer pour la postérité l'histoire de Louis XVIII....

Mais un motif puissant m'a fait vaincre

mes scrupules : j'ai entendu plus d'un soldat, plus d'un homme du peuple dire naïvement : Pourquoi aimerions - nous Louis XVIII et les Bourbons ? Nous ne sommes pas nés de leur temps, nous ne les connaissons pas!

En effet, ces princes, si dignes d'être aimés, sont à peine connus de trois générations de Français : de ceux dont l'éducation finissait, et qui, jetés dans le monde à l'époque de la mort de Louis XVI, n'ont entendu que des imprécations contre la dynastie des Bourbons; de ceux dont l'éducation commençait, et qui n'ont eu pour leçons que celles des révolutionnaires ; de ceux enfin qui, nés sous Napoléon, ont été nourris des idées gigantesques et cruelles de son gouvernement : le nom des Bourbons n'était plus, pour ces générations, qu'un nom historique. Depuis 1793, tous les hommes qui se sont trouvés au timon des affaires en France, ont eu grand soin de cacher aux Français l'existence et le séjour de la Famille royale. Personne n'a porté plus loin que Bonaparte cette inquiétude de la tyrannie ; telle était la frayeur que lui inspirait le moindre souvenir d'un prince légitime et d'une famille dont il ne pouvait lui-même méconnaître les droits au trône qu'il avait envahi, que tout ce qui les rappelait à notre mémoire lui paraissait un crime envers sa personne, un attentat à sa puissance : il aurait voulu faire disparaître jusqu'au nom des Bourbons, et l'effacer sur tous les monumens et sur tous les livres. Ses agens secondaient merveilleusement cette fureur craintive et jalouse de leur maître.

Depuis vingt-cinq ans, si l'on a prononcé hautement le nom du Roi, ce n'a été que pour répandre sur ce prince vertueux les préventions les plus perfides, les calomnies les plus absurdes. En entreprenant cet ouvrage, j'ai dit : Je montrerai Louis XVIII tel qu'il est. Faut-il donc tant d'art et d'artifice pour peindre la bonté, la sagesse, la clémence, la magnanimité? Tant de faits qui parlent aux yeux, et qu'il suffit de présenter avec simplicité pour n'en point altérer le charme, ne doivent-ils pas sauver l'écrivain de sa propre faiblesse? A défaut de l'éloquence du génie, ne lui suffit-il pas d'être naturel, d'être vrai, pour intéresser vivement par l'importance d'un tel sujet?

Toutefois, nous avouerons que l'estimable auteur des DERNIÈRES ANNÉES DU RÈGNE ET DE LA VIE DE LOUIS XVI, pourrait seul, avec la fidélité qui distingue si éminemment ses écrits et sa personne, révéler dignement au public quelques-unes des vertus sublimes de Louis XVIII, dans sa vie privée.

PRÉFACE.

Plus d'un lecteur sera étonné, en suivant notre auguste Souverain depuis son enfance, de le voir constamment pénétré des principes les plus généreux, de le voir en tout temps professer avec une profonde sagesse, avec un précieux discernement, les idées les plus saines et les plus libérales.

On a voulu persuader au peuple que Louis XVIII était demeuré insensible à la gloire des Français; tandis qu'il n'a cessé de vanter le courage héroïque de ces guerriers qui avaient en partie combattu contre lui : même au sein de leur exil, les Bourbons applaudissaient comme hommes et comme Français à la gloire qui ajournait leurs droits. L'on verra dans tous les discours du monarque qu'il s'est plu constamment à rendre un hommage public à la bravoure des armées.

Ce livre n'eut-il que le mérite de renfermer toutes ces paroles du Roi, toutes ces lettres écrites en faveur des Français, tous ces discours où se peint si bien son âme noble et paternelle, qui pourrait ne pas être profondément ému en le lisant? Qui pourrait le quitter sans être convaincu que le ciel a protégé la France, en lui conservant un tel prince pour la gouverner dans ces jours de troubles et d'orages?

Toutes les déclarations du Souverain, ses adresses, ses proclamations, placées dans l'ordre des événemens qui leur ont donné naissance, suffiraient pour offrir une lecture touchante, persuasive et pleine du plus vif intérêt. Il n'est pas une seule de ces pièces où l'on ne retrouve les sentimens d'un bon Roi, d'un véritable père de son peuple; elles passeront à la postérité, et seront un monument honorable à la mémoire de Louis XVIII.

L'histoire, impartiale, présentera aux siècles futurs ce Prince comme le modèle des Rois véritablement grands et sages. Mais je ne voudrais pas qu'un seul individu de la génération présente ignorât cette vérité incontestable, que jamais aucun de nos monarques ne s'est montré meilleur Français que Louis XVIII, et que tout bon Français doit s'estimer heureux de trouver dans son Souverain un Roi pacifique, plein de vues sages, capable d'écarter les préjugés et les souvenirs; guidé, non par d'anciennes inclinations, mais par un sentiment éclairé du bien public; scrupuleux conservateur des droits de la nation; un Roi, enfin, digne fils de Henri IV, qui sait que Dieu ne l'a placé sur le trône, que pour se consacrer au bonheur de ses sujets.

Pour offrir des repos au lecteur, j'ai divisé cette histoire en quatre parties : la première, depuis la naissance du Roi jusqu'au moment où la couronne est passée sur sa tête; la seconde, depuis son avènement au trône jusqu'à son retour en France; la troisième, depuis son arrivée jusqu'au moment où il se retire à Gand, lors de l'invasion de Bonaparte; la quatrième comprend tout ce qui s'est passé depuis cette époque jusqu'au traité de paix de novembre 1815.

Si je parviens à ramener au Roi, comme à ses véritables intérêts, un seul de ces Français qui ne le connaissent pas, ou qui le connaissent mal, je m'applaudirai de mon travail, et ce sentiment sera ma plus douce récompense.

PORTRAIT

DE SA MAJESTÉ

LOUIS XVIII,

———

Louis XVIII est âgé de soixante ans; sa figure est belle et prévenante; on y retrouve cet air de bonté, d'affabilité, qui caractérisait son auguste frère Louis XVI. Ses cheveux blancs inspirent le respect, comme tous ses traits rappellent la dignité des Bourbons, et commandent la vénération la plus profonde. Ses yeux bleus ont beaucoup de douceur, et son regard annonce toute la pénétration de son esprit.

Ses joues sont pleines, son teint est animé; et lorsque sa bouche sourit, ce qui lui arrive habituellement, la bonté de son âme donne alors à sa physionomie une expression aussi touchante que noble. Sa taille s'élève à cinq pieds trois pouces environ, et il a la même force de corps qu'avait Louis XVI. Malheureusement, ce prince est tourmenté de la goutte; mais quoique sa démarche en soit extrêmement gênée, cette contrainte n'ôte nullement à tout l'ensemble de sa personne cet air de grandeur et de majesté, qu'on aime à retrouver dans celui que Dieu a placé pour commander aux hommes.

Dans sa mise, Louis XVIII sait allier avec la dignité de son rang, la simplicité d'une âme sans orgueil. On le voit ordinairement vêtu d'un habit de drap bleu, décoré de l'ordre du Saint-Esprit; il porte habituellement à sa boutonnière la croix de Saint-Louis, l'étoile de la Légion d'honneur, et la décoration du Lis. La simplicité de cet habit est relevée par deux épaulettes en or, distinguées par une couronne placée au-dessus du demi-cercle de torsades. Sa Majesté paraît en public toujours revêtue du cordon bleu.

Dès sa première jeunesse, ce Prince fit présager ce qu'il serait un jour. Le P. Berthier, adjoint à son éducation ainsi qu'à celle de ses augustes frères, étant questionné sur ce qu'il augurait des instructions données à ses élèves, répondit, quand il en fut à celui que la Providence destinait à régner après son frère : « Jamais enfant ne donna de plus grandes espérances ; et bien des raisons me portent à penser qu'il les réaliserait toutes, si Dieu, ce qui n'est pas à croire, l'appelait au rang suprême. Je n'ai jamais connu un enfant de son âge qui eût un jugement plus sûr, un sens plus droit, un esprit plus solide, ni qui fît des réflexions plus sages sur ce qu'il lit. C'est une tête moulée pour les grandes affaires. »

De l'aveu même de ses ennemis, (puisque malheureusement les vertus et les intentions bienfaisantes de Louis XVIII ne le sauvent pas de la douleur d'en avoir) ce prince est très-instruit : il s'est montré constamment l'ami, le protecteur des sciences et des lettres ; et sa maison, jusqu'à l'époque de la révolution, fut la réunion de tout ce que la France offrait de plus distingué parmi les savans. Dans tous les lieux de son exil, comme dans les temps de calme et de prospérité, la culture des belles-lettres a fait ses plus chers délassemens. Ses connaissances sont aussi étendues que variées. Sa Majesté parle de tout avec une facilité, une grâce, une justesse infinies. Personne ne porte un intérêt plus vif, un goût plus décidé pour les beaux-arts. Enfin, une sensibilité exquise, jointe au penchant inné de faire le bien, d'aimer et d'être aimé, font la base de son noble caractère. Ce sont là les qualités de l'homme; parlons des vertus du Souverain.

Louis XVIII a été long-temps malheureux; son âme généreuse a souffert avec résignation pour l'intérêt de sa patrie. Les calomnies des factieux, les préventions de la multitude n'ont pu l'ébranler : il avait été sans orgueil dans la prospérité, il n'eut point de faiblesse dans l'infortune; loin de se laisser abattre par le malheur, son amour propre s'est nourri, pour ainsi dire, de la qualité d'illustre malheureux : une telle vertu n'appartient qu'au christianisme.

Louis XVIII a de la religion, mais une religion éclairée; il sait, comme son père, allier une sage philosophie à cette piété qui prévient les écarts de la raison humaine.

En tout temps, en tous lieux, il a donné des preuves éclatantes de son humanité, de sa bienfaisance : même au sein de son exil, les Français malheureux étaient l'objet de sa constante sollicitude. De retour dans sa patrie, tous ses moyens ont été employés pour sécher les larmes de l'infortuné.

Parlerai-je de sa clémence ? Hélas ! combien d'hommes ne se sont rendus coupables que parce qu'ils s'y sont confiés ! Tout Paris a admiré le trait de bonté suivant : Le curé de la paroisse Sainte-Marguerite, au faubourg Saint-Antoine, connaissant bien le cœur de son Roi, s'enhardit à lui demander la grâce d'un de ses paroissiens condamné pour la vie à une peine infamante. Le monarque fait expédier la lettre de grâce, la signe, quitte son palais, la porte et la remet lui-même au curé qui l'avait sollicitée. La foule, témoin de cet acte de clémence, fait retentir l'air du cri mille fois répété *vive le Roi !* « Eh ! mes enfans, dit ce prince, criez surtout vive le bon pasteur ! »

Au temps de sa proscription, notre Roi a dû, par plus d'un motif, rapprocher de lui, concentrer sur lui toutes les affaires qu'il avait à traiter. En effet, lui seul ouvrait et lisait ses dépêches, lui seul y faisait réponse. Se présentait-il des envoyés des puissances, lui seul les recevait et répondait à l'objet de leur mission, de vive voix ou par écrit : Sa Majesté prenait enfin sur elle de traiter exclusivement toutes les affaires de son administration ou de sa politique. Un Roi doué d'une instruction aussi vaste que Louis XVIII, et qui par sagesse, par prudence, est descendu à étudier ainsi, jusques dans les plus petits détails, toutes les parties de l'économie politique, doit avoir aujourd'hui la connaissance la plus profonde qu'il soit possible d'acquérir, des hommes et des choses.

En outre, le Roi a passé vingt années dans la retraite, dans l'étude, au milieu de cette nation allemande si fameuse par la liberté de penser, au milieu de ces Anglais si fiers de leurs droits politiques. Il a recueilli des notions étendues sur l'esprit du siècle. Ces notions salutaires percent rarement l'enceinte magique tracée par les flatteurs autour des princes heureux; elles viennent assaillir de toutes parts un prince infortuné; et lorsqu'elles rencontrent un esprit ferme et juste, elles lui donnent cette prudence conciliatrice qui, dans les circonstances présentes, est le premier besoin de la France.

Les vieux apôtres de la révolution ont prêté à notre monarque l'intention de ramener la féodalité : Louis XVIII est trop éclairé pour la désirer. La féodalité ne pesait-elle pas sur les Rois comme sur les peuples? N'est-ce pas en convoquant les gothiques constitutions de la France, qu'un parlement, aussi coupable qu'insensé, osa lutter en 1788 contre les vues paternelles de Louis XVI? En nous reportant à des siècles plus reculés, nous verrons tous nos Rois, depuis Louis VI, que son père Philippe avait associé à la couronne, combattre eux-mêmes cette féodalité qui entraînait tant de désordres à sa suite, et contre laquelle venaient souvent échouer tous les efforts de leur courage et de leur prudence, « Tant il est vrai, dit un historien estimé (1), que dans un grand Etat, il est beaucoup plus du bien des peuples d'avoir un monarque absolu, même avec danger qu'il n'abuse quelquefois de son pouvoir, que d'y voir, sous prétexte de liberté, son autorité ou partagée ou trop bornée. » Louis XVIII a de tout temps partagé cette opinion de son illustre prédécesseur, qu'*il est beau d'être le Roi d'un peuple libre.*

Au lieu de nous régir avec des sénatus-consultes et des décrets à sa volonté, ce prince, vraiment sage et magnanime, se dépouillant de tous préjugés, bravant même les opinions contraires de ses conseillers, a voulu borner lui-même son autorité par une charte constitutionnelle, obligatoire pour ses successeurs; souvent, au milieu de sa cour, il s'entendit faire le reproche de n'être pas assez *royaliste*.

---

(1) Le P. Daniel.

Tel est le souverain que le Roi des Rois préparait au milieu de la tourmente de l'Europe, et au milieu des tribulations qu'il lui envoyait, pour en faire un prince accompli, alliant la bonté à la force morale, capable en même temps d'assurer la prospérité et le bonheur de la France pendant de longues années de paix, et de la défendre par une fermeté aussi soutenue que réfléchie de ses propres erreurs ou de nouveaux écarts.

Sous un prince aussi éclairé que Louis XVIII, la nation n'a rien à redouter pour son indépendance. Il était réservé à ce monarque de nous faire jouir de cette liberté publique, la seule source des vertus civiques, le seul trésor inépuisable, la seule force irrésistible et éternelle, la seule garantie enfin du bonheur des Rois et des peuples.

HISTOIRE
DE SA MAJESTÉ
LOUIS XVIII.

PREMIÈRE PARTIE.

Jeune âge du COMTE DE PROVENCE (aujourd'hui Louis XVIII). — Soins du grand Dauphin pour l'éducation de ses enfans. — Preuve réciproque d'amour paternel et filial au camp de Compiègne. — Beau trait de sensibilité du jeune prince. — Mort du grand Dauphin et de la Dauphine — Mariage du Dauphin (depuis Louis XVI). — Mariage du comte de Provence et portrait de la princesse son épouse. — Mariage de M. le comte d'Artois — Mort de Louis XV. — Le comte de Provence prend le titre de MONSIEUR. — Ses remontrances à Louis XVI au sujet du rappel des parlemens. — Sacre de Louis XVI. — Cour particulière des princes de la famille royale. — Voyage de MONSIEUR. — Naissance de MADAME et du Dauphin. — Traits de la vie privée de MONSIEUR. — Sa conduite à l'assemblée des notables.—Rebellion des parlemens.— Assemblée des états-généraux. — Horrible accusation contre MONSIEUR. — Démarche éclatante de ce prince. — Les chevaliers du poignard. — Fuite de la famille royale. — Lettre du roi à son frere — Manifeste de MONSIEUR. —Guerre entre la France et les princes de la confédération Germanique. — Bravoure des émigrés. — Tableau de la France en 1793.

LOUIS-STANISLAS-XAVIER, aujourd'hui Roi de France sous le nom de *Louis XVIII*, est né à Versailles, le 17 novembre 1755. Il doit le jour au fils de Louis XV, surnommé le *Grand-Dauphin*, et à Marie Josephe, fille de Frédéric-Auguste, troisième du nom, Roi de Pologne, électeur de Saxe. Ce prince reçut en venant au monde le titre de *comte de Provence*.

La Dauphine, en donnant le jour à huit enfans, cinq princes et trois princesses, avait comblé les vœux de la France. Marie-Zéphyrine, premier gage de son heureuse fécondité, et le duc d'Aquitaine, son second fils, étaient morts trop jeunes pour laisser des regrets bien durables. Mais une perte dont le Dauphin et la Dauphine ne se consolèrent jamais, ce fut la mort du duc de Bourgogne, leur fils aîné; cet enfant extraordinaire par ses heureuses dispositions et ses précoces vertus, faisait la joie de sa famille.

Cependant, il restait à ces parens désolés, le duc de Berri (depuis Louis XVI), le comte de Provence (aujourd'hui Louis XVIII), le comte d'Artois, (aujourd'hui Monsieur), Madame Clotilde (mariée en 1775 à Charles-Emmanuel de Savoie, prince de Piémont), et l'infortunée princesse Elisabeth, qui fut le dernier fruit de cette union.

Le Dauphin nomma gouverneur des jeunes princes, le duc de la Vauguyon, seigneur d'une valeur et d'une probité reconnues. L'abbé de Radonvillers, membre de l'académie française, fut leur sous-gouverneur. Il leur donna pour précepteur l'évêque de Limoges, prélat qui joignait au savoir la noble franchise des mœurs antiques, et qu'il suffit de nommer pour rappeler l'idée de la vertu. Le P. Berthier, jésuite, l'un des hommes les plus savans de son ordre, lui fut adjoint; le célèbre abbé Nollet leur donna des leçons de physique, et l'historiographe Moreau leur enseigna l'histoire. Le Dauphin déclara à ces différens instituteurs, qu'il leur transférait toute son autorité, et qu'il voulait que des enfans destinés par leur naissance à commander un jour à la nation, commençassent par respecter eux-mêmes les règles de la dépendance et de la soumission.

Regardant l'éducation de ses fils comme un de ses devoirs les plus sacrés, il voulut y présider lui-même. Deux fois la semaine, le prélat les conduisait à l'appartement du Dauphin : ce prince examinait leur travail, et leur faisait rendre compte de ce qui avait fait la matière de leurs études depuis la dernière répétition. Il savait exciter leur émulation par des récompenses ou des privations ménagées à propos. Il applaudissait tantôt à l'un, tantôt à l'autre. Un terme bien choisi, une règle heureusement appliquée, une construction aisée, un tour élégant, une phrase harmonieuse, devenaient la matière de ses éloges.

Il goûtait surtout la plus vive satisfaction en

découvrant de bonnes qualités dans le cœur de ses enfans ; et les personnes préposées à leur éducation, étaient sûres de lui causer la joie la plus sensible, en lui racontant quelque trait de leur part qui annonçât le goût des belles actions. Il portait jusqu'au scrupule l'attention à éloigner d'eux ce qui aurait pu porter la moindre atteinte à l'innocence de leurs mœurs, et quoique leur âge les garantît encore des dangers de la lecture, il avait déjà pris des précautions pour qu'il ne leur tombât entre les mains aucune de ces productions frivoles ou licencieuses, qui, en inspirant le dégoût des études solides, jettent souvent dans un jeune cœur les premières étincelles d'un feu qui doit causer sa perte. « Je me rappelle, disait-il un jour, d'avoir surpris la vigilance de mon précepteur, pour lire quelques romans qu'un valet de chambre m'avait procurés. Je n'apercevais pas alors comme aujourd'hui le poison qu'ils cachaient : mais je serais au désespoir que de semblables livres tombassent entre les mains de mes enfans. »

Le Dauphin saisissait toujours, et faisait

souvent naître les occasions de donner aux jeunes princes quelques leçons utiles : il leur en fit une des plus frappantes lorsqu'on suppléa les cérémonies de leur baptême : après que leurs noms eurent été inscrits sur le registre de la paroisse, il se le fit apporter ; et l'ayant ouvert, il leur fit remarquer que celui qui les précédait, était le fils d'un pauvre artisan, et leur dit ces belles paroles : « Vous le voyez, mes enfans, aux yeux de Dieu les conditions sont égales, et il n'y a de distinction que celles que donne la vertu : vous serez un jour plus grands que cet enfant dans l'estime des peuples ; mais il sera lui-même plus grand que vous devant Dieu, s'il est plus vertueux. »

Le Dauphin était autant aimé de ses enfans, qu'il les aimait lui-même. Un jour où devait se faire une revue générale des troupes qui formaient le camp de Compiègne, ce prince s'était rendu à la tête de son régiment pour attendre le Roi. Ses fils, curieux de jouir de ce beau coup d'œil, passaient devant les lignes dans une voiture découverte. Arrivés auprès du régiment Dauphin, ils témoignèrent une joie naïve à la vue de leur père. Celui-ci s'approche, leur tend les bras : tous à l'instant se précipitent sur son sein ; il les embrasse tendrement l'un après l'autre, et rentre dans les rangs. Toute l'armée applaudit à ce spectacle ravissant. On entendait de toutes parts, officiers et soldats, s'écrier avec transport : « Vive notre bon Dauphin ! Comme il aime ses enfans ! comme il en est aimé ! »

Ce prince, guidé dans toutes ses actions par l'amour de son pays, croyait avec raison devoir des soins particuliers à celui de ses fils que l'ordre de la naissance semblait appeler à gouverner un jour la France, et à compter ses frères parmi ses sujets. Quand son fils aîné, le duc de Bourgogne, eut transmis par sa mort tous ses droits au duc de Berri, celui-ci devint alors l'objet principal des attentions du Dauphin. Cependant ce bon père ne déguisait pas toujours une certaine prédilection pour M. le comte de Provence ; l'esprit vif et précoce de M. le comte d'Artois flattait aussi beaucoup son orgueil paternel.

Intelligent, appliqué, doué d'une mémoire

excellente, le duc de Berri faisait des progrès rapides dans ses études. Une noble émulation s'était établie entre lui et M. le comte de Provence, sans altérer en rien l'union qui régnait entre eux. La prodigieuse facilité du prince qui nous gouverne aujourd'hui, sa promptitude à saisir les leçons de ses maîtres, étaient telles qu'on eût cru qu'il repassait avec eux ce qu'il avait déjà su. La partie morale de l'histoire, celle qui avertit les Rois des devoirs qu'ils ont à remplir, des écueils qu'ils ont à éviter, appelait surtout son attention. Le duc de Berri se plaisait à reconnaître la supériorité des talens de son frère; et quand on agitait en sa présence quelque point de science qu'il ignorait, et qu'on ne pouvait résoudre, il avait coutume de dire : « Il faut soumettre cela à mon frère de Provence. »

Doué, dès son jeune âge, d'un esprit réfléchi, d'un caractère solide quoique enjoué, notre monarque est de tous les fils du Dauphin celui qui eut le plus de conformité avec son père. On citait ses reparties ingénieuses, comme on avait cité celles du grand Dauphin dans son enfance ; avec la même finesse, elles n'avaient pas la même causticité : c'étaient les saillies d'un esprit délicat et bienveillant, plutôt que l'expression d'une gaieté vive. La bonté de son caractère se peignait dans ses discours. Il ne disait pas seulement des choses aimables et spirituelles, on citait de lui des traits d'une sensibilité touchante ; je n'en rapporterai qu'un seul, il suffira pour donner une preuve de sa belle âme. Il entend raconter qu'un navire vient d'échouer sur l'une des îles de Bisago, non loin des côtes de Guinée ; sept hommes de l'équipage, tombés au pouvoir des insulaires, sont menacés de périr victimes des cruautés que ces barbares exercent envers leurs esclaves. Touchés de ce récit, M. le comte de Provence va trouver son frère aîné et M. le comte d'Artois ; il leur fait part de ce qu'il vient d'entendre, et excite leur intérêt par la chaleur de sa narration. Les voyant attendris, il leur propose de contribuer par leurs dons à la délivrance de ces malheureux. Cet exemple touchant est aussitôt imité par toutes les personnes de la cour ; Louis XV applaudit à l'humanité de ses petits-fils ; deux bâtimens sont équipés ; les prisonniers sont retrouvés, rachetés, et reviennent en France bénir le nom de leurs jeunes libérateurs. C'est ainsi que dès l'âge le plus tendre, notre monarque annonçait déjà cet heureux don, fruit de l'accord d'une âme bienveillante et d'un esprit délicat ; cet esprit du cœur fait pour gagner l'affection des hommes honnêtes, et qui, aujourd'hui, sait si bien attacher à son auguste personne tous ceux qui ont le bonheur de l'approcher.

Le Dauphin eut donc la satisfaction de voir se développer de bonne heure les précieuses semences qu'il avait jetées dans le cœur de ses enfans. Atteint d'une maladie de poitrine qui le leur ravit à la fleur de son âge, ce bon père descendit du moins au tombeau avec l'assurance que ses fils retraceraient un jour aux yeux de la nation son amour pour le peuple et l'image de toutes ses vertus.

Sa mort répandit un deuil général dans la France. Les troupes, se rappelant les bontés dont il les avait comblées, prirent la plus grande part à la douleur publique : dans toutes les villes de guerre, elles donnèrent des preuves éclatantes de leur affection envers ce prince. Pendant les derniers temps de sa maladie, le régiment des Dragons-Dauphin se fit admirer par le témoignage des sentimens qui l'unissaient à son colonel. Les églises étaient remplies de ces braves guerriers, qui, prosternés aux pieds des autels, conjuraient le Dieu des armées, avec toute la ferveur de leur zèle, de leur accorder la vie de ce prince, pour lequel ils eussent voulu verser tout leur sang.

La Providence nous accorde de le faire revivre aujourd'hui dans un fils héritier de ses qualités éminentes. Le Roi des Rois a entendu les dernières paroles du Dauphin, qui, sur son lit de mort, levant les yeux et les mains vers le ciel, s'écria du ton de voix le plus attendrissant : « Mon Dieu, je vous en conjure, protégez à jamais ce royaume ! » Après les commotions violentes qui depuis vingt-cinq ans, et surtout en dernier lieu, ont agité la France, il est impossible de ne pas reconnaître qu'une main divine l'a sauvée d'une entière destruction.

Les fils du Dauphin sentirent toute la grandeur de leur perte. Au milieu de leur affliction, ils reportèrent toute leur tendresse sur la vertueuse princesse que le ciel leur conservait. Le premier soin de cette tendre mère, celui qu'elle regarda toujours comme le plus indispensable et le plus sacré, ce fut de suivre avec zèle leur éducation : elle avait toutes les connaissances nécessaires pour cette grande tâche ; son esprit avait été cultivé ; la langue d'Horace lui était familière. Elle reprit les répétitions des trois jeunes princes. Le latin comme le français, l'histoire sacrée comme la profane, les devoirs de leur état comme ceux de la religion ; tout était du ressort de cette savante princesse. En cultivant leur esprit, elle s'attacha encore plus à former leur cœur. Elle ne cessait de leur recommander l'éloignement pour les flatteurs, la compassion pour les malheureux, l'estime et l'amour des peuples. A l'exemple de son époux, la Dauphine mit le plus grand soin à ne laisser parvenir entre les mains de ses fils que les livres qui avaient passé sous ses yeux : elle était à cet égard d'une rigueur extrême. La grande facilité que le jeune comte de Provence annonçait pour les langues, engagea plusieurs personnes à représenter à sa mère qu'il serait à propos de l'appliquer à l'étude de l'anglais : « Il n'est pas encore temps, répondit-elle ; la connaissance de cette langue lui ouvrirait trop de livres dangereux ; il pourra l'apprendre, comme a fait M. le Dauphin, dans un âge plus avancé. »

Si nous avons vu Louis XVI, si nous voyons aujourd'hui Louis XVIII, offrir le modèle parfait des bonnes mœurs, faire la gloire de la religion, et n'avoir en vue que le bonheur de la nation française, c'est aux sages leçons de cette princesse, comme aux exemples de son vertueux époux, que nous en sommes redevables.

Quinze mois après la mort du Dauphin, ses enfans perdirent leur tendre mère. Avant de rejoindre celui qu'elle n'avait cessé de pleurer, elle recommanda cent fois sa jeune famille au Roi, à la Reine, aux personnes qui avaient part à leur éducation, et surtout à Madame

Adélaïde, leur tante, qu'elle conjura au nom de la sincère amitié qui les avait unies, de leur donner ses soins, et de devenir leur Mentor. Cette excellente princesse le promit, et elle fut fidèle à sa parole; elle demeura auprès de l'infortuné Louis XVI, jusqu'au moment où il ne fut plus permis à aucun membre de cette illustre famille de se dissimuler que les factieux avaient conjuré la perte totale des Bourbons. Madame Adélaïde, ainsi que Madame Victoire, ne voulaient point séparer leur sort de celui de leur neveu : il les sollicita long-temps d'éloigner du danger des jours précieux qu'elles exposaient inutilement pour sa personne, avant de les déterminer à quitter la France : ce fut en pleurant qu'elles l'embrassèrent pour la dernière fois en partant pour se rendre à Rome ; mais n'anticipons point sur les événemens, et revenons à l'époque de la mort de la Dauphine.

Les trois jeunes frères honorèrent la mémoire de si bons parens, en continuant à se livrer à l'étude avec la plus grande assiduité, et lorsque l'âge les eut affranchis de la surveillance de leurs gouverneurs, on les vit, imitant leur père, se préserver par l'habitude du travail des dangers du désœuvrement.

Le comte de Provence venait souvent passer des heures entières avec Madame Elisabeth, et se plaisait à communiquer à cette sœur chérie quelque peu de ses vastes connaissances. Dans ses momens de loisirs, cette princesse retrouvait M. le comte d'Artois; elle aimait à monter à cheval, et déployait dans cet exercice beaucoup de grâce et d'assurance; son jeune frère l'accompagnait dans ses cavalcades. Cette pieuse et tendre sœur profitait parfois de ces momens de liberté pour adresser quelques avis à ce prince aimable, qui, dans l'âge des plaisirs, s'y livrait peut-être avec trop d'ardeur. M. le comte d'Artois écoutait en riant les remontrances de sa sœur; une saillie avait bientôt déridé le Mentor, qui interrompait sa leçon pour ne plus penser qu'au plaisir d'être avec un frère bien aimé. Le plus léger nuage n'obscurcit jamais la sérénité d'une si douce union. M. le comte d'Artois aimait sa sœur avec vénération, et tout en s'abandonnant à son aimable étourderie, il était fier des vertus de Madame Elisabeth.

Depuis la mort du grand Dauphin son fils unique, Louis XV attendait avec impatience le moment où il pourrait marier le Dauphin son petit-fils. On jeta les yeux sur Marie-Antoinette-Josephe de Lorraine, archiduchesse d'Autriche, fille de l'impératrice Marie-Thérèse; et ce mariage fut célébré à Versailles, le 16 mai 1770. Tout le monde est instruit des malheurs arrivés à la place Louis XV, lors de la fête donnée à cette occasion par la ville de Paris. On sait combien le Dauphin y fut sensible, et qu'il s'empressa d'envoyer au lieutenant de police l'argent de sa pension pour secourir les plus malheureux. M. le comte de Provence ne restait jamais en arrière lorsqu'il s'agissait d'une bonne action : lui et M. le comte d'Artois ouvrirent aussitôt une souscription, à laquelle la cour et un grand nombre de particuliers se firent honneur de contribuer pour adoucir le malheur des veuves et des orphelins. En cette circonstance, les Français acquirent encore une preuve que le nouveau Dauphin et ses frères avaient la bienfaisante humanité qui caractérisait leur père.

Un an après le mariage du Dauphin, M. le comte de Provence épousa Marie-Joséphine-Louise de Savoie, fille aînée de Victor-Amédée III, roi de Sardaigne. Le duc de Duras avait été nommé ambassadeur extraordinaire pour recevoir cette princesse, qui fut accueillie avec enthousiasme à Lyon. La garde bourgeoise de cette ville, jouissant, avant la révolution, des droits de cité, fit le service auprès de la princesse. Pendant les trois jours qu'elle resta au milieu des Lyonnais, des fêtes superbes lui furent données. Des actes de bienfaisance signalèrent aussi l'entrée de Marie-Joséphine en France : elle remit à l'évêque de Nevers une somme considérable pour être distribuée aux pauvres habitans de son diocèse. A Montargis, on présenta à la princesse un vieillard centenaire ; elle l'accueillit avec bonté, et lui fit une pension pour le reste de ses jours. L'intérêt avec lequel Marie-Joséphine examina les monumens, les manufactures et les produits de l'industrie, dans toutes les villes qu'elle traversa, fit connaître qu'elle était digne d'être unie à un prince aussi éclairé que l'était M. le comte de Provence.

La célébration du mariage eut lieu le 14 mai 1771, dans la chapelle de Versailles. Le prince fut épris de son épouse dès la première entrevue. «Monsieur mon frère, lui dit le lendemain, en plaisantant, M. le comte d'Artois, vous aviez la voix bien forte hier; vous avez prononcé bien fort votre *oui*.—C'est, répartit l'époux enflammé, que j'aurais voulu qu'il eût été entendu jusqu'à Turin.»

Madame la comtesse de Provence paya du plus tendre retour l'amour de son mari. Douée d'une grande fraîcheur, elle avait une extrême répugnance à se peindre le visage; et lorsque dans les fêtes qui suivirent son mariage, la comtesse de Valentinois, sa dame d'atours, voulut, selon l'étiquette, lui mettre du rouge, la princesse s'y refusa; elle ne se rendit que lorsque M. le comte de Provence l'eut priée de se conformer à l'usage de la cour, ajoutant qu'il la trouverait plus belle encore. «Allons, madame de Valentinois, dit alors la princesse, mettez-moi du rouge, puisque j'en plairai davantage à mon mari. »

Cette princesse n'avait besoin d'aucun éclat étranger pour captiver tous les regards. Sa figure était, comme toute sa personne, pleine de noblesse ; ses yeux, aussi beaux que spirituels, couronnés par des sourcils bien arqués et d'un noir d'ébène, donnaient beaucoup d'expression à sa physionomie. Son maintien grave contrastait avec l'enjouement de la Dauphine. Scrupuleusement attachée à l'étiquette, madame la comtesse de Provence non-seulement ne paraissait en public qu'avec la dignité convenable à son rang élevé; mais elle conservait encore cette même dignité dans son intérieur. La Dauphine, au contraire, avait beaucoup de penchant à se soustraire aux contraintes de la grandeur. Imposante dans les solennités d'éclat, le cérémonial continuel où son rang l'enchaînait, lui était à charge ; elle s'en abstenait la majeure partie du temps. Louis XV, qui trouvait piquantes les manières vives et franches de Marie-Antoinette, encourageait ces dispositions de son caractère. En vain madame de

Noailles, sa dame d'honneur, lui rappelait-elle sans cesse les vieux usages qu'avaient toujours respectés les Dauphines et Reines de France; la jeune princesse riait de ses sermons, et dans sa gaieté folâtre, elle appelait sa dame d'honneur *madame l'Etiquette*. Souvent elle sortait suivie d'un simple écuyer ou d'une dame de son choix, et quelquefois seule. Elle négligeait un cérémonial qui, puéril en apparence, est pour la majesté du trône, pour la réputation des princesses, une sauve-garde inappréciable. La Dauphine, alors l'idole de la nation, était loin de prévoir qu'un jour des agitateurs du peuple la calomnieraient aux yeux de cette même nation, en dénaturant avec noirceur cet abandon naïf, résultat de sa franche gaieté, de sa parfaite innocence. La vivacité de son caractère l'empêchait de reconnaître que la considération d'une princesse n'est pas moins attachée à la gravité de ses démarches, qu'à l'intégrité de ses mœurs.

Etant devenue Reine de France, un de ses amusemens favoris était de jouer la comédie; mais elle ne put jamais déterminer Madame, comtesse de Provence, à accepter un rôle dans son répertoire. «Dès que moi, Reine de France, je joue la comédie, lui dit-elle un jour, vous ne devriez pas avoir de scrupule.» La femme de Monsieur, fille de Roi comme Marie-Antoinette, se trouvant blessée dans son amour-propre, répliqua par quelques mots qui blessèrent la Reine à son tour. Celle-ci crut devoir faire sentir à sa belle-sœur combien elle regardait au-dessus de la maison de Savoie la maison d'Autriche, qui ne le cède, ajouta-t-elle, pas même à la maison de Bourbon. M. le comte d'Artois, présent à cette petite scène, mais qui jusqu'alors avait gardé le silence, prit la parole, et dit à la Reine avec beaucoup de finesse : «Jusqu'ici, madame, j'ai craint de me mêler de la conversation, vous croyant fâchée; mais pour le coup, je vois bien que vous plaisantez.» Cette heureuse saillie termina d'une manière gaie cette légère altercation entre deux princesses faites pour s'estimer.

Deux ans après le mariage de M. le comte de Provence, son jeune frère épousa Marie-Thérèse, seconde fille du Roi de Sardaigne. Cette princesse, en arrivant en France, reçut du peuple l'accueil le plus touchant. M. le comte d'Artois la conduisit à l'autel le 16 novembre 1773; et toute la famille royale assista aux fêtes magnifiques qui furent données à cette occasion. L'attachement de cette princesse pour son époux lui fit rechercher les personnes avec lesquelles il se plaisait. Aussi se lia-t-elle plus étroitement avec la Dauphine qu'avec madame la comtesse de Provence, dont la gravité lui en imposait. Cette gravité prenait sa source dans le goût qu'avait cette princesse pour la retraite et l'étude, plutôt que pour la dissipation. Ses connaissances s'étendaient sur une foule d'objets; néanmoins, personne n'était plus éloigné qu'elle de la pédanterie. Décent dans ses mœurs, rempli d'ordre et d'économie, et très-attaché à son épouse, M. le comte de Provence passait ses soirées chez elle, où des hommes instruits recevaient l'honneur d'être invités par ce prince : la politique et la littérature faisaient le charme de ces réunions, et madame la comtesse de Provence y déployait autant d'esprit que de grâces. Aussi étrangère aux intrigues qu'aux plaisirs bruyans de la cour, ses opinions politiques furent toujours celles de son époux ; et en cela, madame la comtesse d'Artois, sa sœur, imita sa réserve.

La mort de Louis XV, arrivée le 10 mai 1774, fit passer la couronne sur la tête de son petit-fils. Le Dauphin prit alors le titre de Louis XVI, et le comte de Provence celui de Monsieur. Le premier acte d'autorité du nouveau monarque, son premier édit, rendu au château de la Muette, fut la remise qu'il fit à son peuple du droit de *joyeux avènement*. On ne connut pas plutôt cet acte de bonté dans Paris, qu'on se rendit en foule au château où le Roi faisait sa résidence. Un boulanger, profitant de l'affluence du peuple qu'avait attiré à Passy l'empressement de voir son nouveau souverain, s'avise de renchérir son pain. Les habitans se transportent au château et réclament justice. Le jeune monarque reçoit lui-même leur plainte ; il mande l'accusé et l'interroge. Le délit est prouvé ; Louis XVI se fait alors représenter la loi, et ordonne au coupable d'en faire la lecture. La peine infligeait une amende de cinq cents livres. Le condamné se jette à genoux et demande grâce. « Mon ami, lui dit le Roi, si tu m'avais trompé, je pourrais te faire grâce, mais je ne la ferai jamais à ceux qui trompent mon peuple. »

L'histoire ne nous offre aucun prince plus sérieusement occupé du bonheur de ses sujets, et plus impatient de le leur procurer, que ne l'était Louis XVI. L'amour de son peuple était le sentiment habituel et la grande passion de son cœur : c'était le mobile déterminant de toutes ses actions. C'est parce que Maurepas, qui venait d'être appelé au ministère, présentait au Roi le rappel des parlemens exilés contre le vœu de la nation, que Louis XVI se détermina à réintégrer ces corps ennemis de l'autorité royale. MONSIEUR vit avec peine cette mesure désastreuse : il avait produit, à cette occasion, un mémoire plein de logique et de vues profondes, dont je citerai les passages suivans, qui offrent un résumé clair et précis de l'histoire de ces anciens parlemens.

« Cette magistrature, y est-il dit, avait élevé, dans l'Etat, une autorité rivale de celle des Rois, pour établir un monstrueux équilibre dont l'effet était d'enchaîner l'administration, et de jeter le Royaume dans l'anarchie. Que restera-t-il d'autorité au Roi, si les magistrats, liés par une association générale, forment de nouveau un corps qui puisse opposer une résistance combinée? Si, maîtres de suspendre à leur gré leurs fonctions, ils interceptent dans toutes les provinces le cours de la justice que le Roi doit à ses peuples? C'est pendant leur désobéissance générale à cet égard, que le feu Roi fut obligé de les priver de leurs offices, pour rendre à ses sujets ce qu'il leur devait, l'exercice de la justice. Depuis des siècles, le parlement faisait une guerre intestine aux Rois. C'était sous prétexte du bien public et de l'intérêt des peuples, qui étaient toujours sacrifiés ; et, maintenant, l'Etat peut-il, en rappelant cette magistrature à des fonctions dont on l'a privée si justement, reconnaître qu'il a été injuste et qu'il l'a opprimée ? Le feu Roi sera-t-il atteint

et convaincu d'avoir foulé, vexé, exilé, dépouillé ses plus fidèles magistrats? Quel exemple pour les successeurs du Roi! Louis XVI condamnera-t-il son prédécesseur? Pour le maintien de la couronne, Louis XV avait élevé les magistrats qui sont en place, il avait exilé ceux qui la foulaient aux pieds. Louis XVI livrera-t-il ceux qui la relevèrent à ceux qui avaient résolu de la dégrader?. . . . .
. . . .

» A-t-on oublié que cette magistrature exilée, excita dans le peuple les mouvemens les plus dangereux, qu'elle répandit l'argent pour les diriger vers ses séances, afin d'intimider le gouvernement? Quel homme sage ne craint pas pour l'avenir d'après cet exemple? Sous un Roi jeune et bon, ne tentera-t-elle pas de nouvelles entreprises? Appuyée d'une partie des princes, n'osera-t-elle pas espérer de réduire un jour la cour? Et voyant surtout qu'elle n'a plus à craindre la substitution d'un autre grand conseil, ne se portera-t-elle pas à tous les excès possibles?

» On me dira que les magistrats en exil ne

rentreront que sous les conditions les plus gênantes ; mais quelle caution offriront-ils au Roi de leur fidélité à les remplir ? Ils entreront doux comme des agneaux : arrivés en place, ils seront des lions. Ils prétexteront les intérêts de l'Etat, du peuple et du *Seigneur-Roi*. En désobéissant, ils déclareront ne pas désobéir ; la populace viendra à leur secours, et l'autorité royale succombera un jour, accablée du poids de leur résistance. Tel sera le résultat du sacrifice de la magistrature soumise, à la magistrature exilée et rebelle....... »

Dans un entretien que Monsieur eut avec le Roi son frère, ce prince éclairé lui adressa ces paroles remarquables : « Le parlement actuel a remis sur la tête du Roi la couronne que le parlement en exil lui avait ôtée, et M. de Meaupou, que vous avez exilé, a fait gagner au feu Roi le procès que les Rois vos aïeux soutenaient contre les parlemens depuis deux siècles. Le procès était jugé ; et vous, mon frère, vous cassez le jugement pour recommencer la procédure. — Je n'ignore point cela, répondait Louis XVI à tous ceux qui lui faisaient des représentations à ce sujet ; mais je dois, et je veux avant tout, commencer par me faire aimer de mon peuple. » MONSIEUR ne put que gémir en secret sur une faute qui préparait la ruine de l'autorité.

Louis XVI aimait tendrement ses frères, et n'en était point jaloux ; mais il ne laissa pas prendre à ces princes plus d'influence dans le gouvernement que le Dauphin, leur père, et lui-même n'en avaient eu sous Louis XV. MONSIEUR et le comte d'Artois n'entraient point au conseil ; on ne les consultait pas sur le choix des ministres; ils ne déterminaient aucune opération.

La cérémonie du sacre, cette solennité qui, de tout temps, a imprimé au peuple une sorte de vénération pour son Roi, faillit ne pas avoir lieu. Le ministre Turgot, connaissant combien Louis XVI était ennemi de la représentation et de la dépense, la blâmait comme inutile et dispendieuse. Mais, à la grande satisfaction de MONSIEUR, cette fois le jeune monarque ne se laissa pas persuader par les paradoxes du ministre philosophe. Il fut sacré à Reims, le 11 juin 1775. Sa conduite bienfaisante et populaire lui fit recueillir, dans cette circonstance, les témoignages les plus éclatans de l'allégresse publique. « La satisfaction que mes peuples ont témoignée à l'occasion de mon sacre, écrivait-il le lendemain à l'archevêque de Paris, les acclamations qui m'ont accompagné pendant et après cette auguste cérémonie, ont pénétré mon cœur d'un sentiment profond qui ne s'effacera jamais. » En effet, après que le Roi eut ceint la couronne et l'épée de Charlemagne, on ouvrit les portes de l'église; le peuple y entra en foule, et fit retentir les voûtes des cris prolongés de *vive le Roi!* L'attendrissement de l'assemblée fut à son comble; les larmes coulèrent de tous les yeux. Les ambassadeurs étrangers, témoins de cette scène touchante, partagèrent l'ivresse générale et devinrent un moment français. MONSIEUR et le comte d'Artois, transportés, se jetèrent dans les bras de leur frère, et le serrèrent tendrement contre leur cœur.

C'était un bonheur pour le Roi d'accorder à ses frères quelque grâce nouvelle. En 1776, il

4*

leur donna, par lettres-patentes, le droit de jouir de toutes les prérogatives qui appartenaient aux Dauphins. Les termes du préambule de cet édit attestent cette douce réciprocité d'affection qui régnait entre le monarque et ses frères. Louis XVI, désirant que MONSIEUR eût une habitation digne de sa naissance, lui donna le palais du Luxembourg. Le Temple devint la demeure du comte d'Artois. Les princes de la famille royale, occupés de goûts différens, étaient tous plus ou moins épris des charmes de la vie privée; mais tous eurent leur cour séparée. Ils ne regardaient plus Versailles que comme le théâtre de la représentation royale; et ne s'y réunissaient qu'un ou deux jours de la semaine. Ils avaient chacun leur maison de plaisance. MONSIEUR acheta le château de Brunoy, où il donnait des fêtes ingénieuses et magnifiques. M. le comte d'Artois, déjà possesseur du domaine de Maisons, avait fait bâtir, dans le bois de Boulogne, Bagatelle, petit chef-d'œuvre de grâce et d'élégance. Bellevue devint la retraite de Mesdames Adélaïde et Victoire; et ce fut à Montreuil que Madame Elisabeth passa ses plus heureux jours.

Peu de temps après le sacre de Louis XVI, sa sœur Clotilde avait quitté la famille pour aller rejoindre le prince de Piémont, auquel elle venait d'être unie. Cette séparation lui avait été extrêmement sensible. Lorsque, pour affaiblir ses regrets, on lui vantait les vertus, les qualités de son époux : « Pourra-t-il me faire oublier mes frères, que je ne reverrai plus! répétait-elle en versant des larmes. » Elle devait revoir Monsieur et son jeune frère le comte d'Artois; mais, hélas! par quelle suite de circonstances fatales! Avant de quitter Versailles, Madame Clotilde avait demandé au Roi la grâce de six déserteurs. Quel fut son étonnement à Lyon, de les voir accourir se jeter à ses pieds, pour lui exprimer leur reconnaissance! Cette scène inattendue pénétra la princesse d'une émotion délicieuse: c'était Louis XVI qui lui avait ménagé cette surprise agréable; il voulut que les derniers regards de sa sœur, en quittant la France, se portassent sur des soldats français qu'elle avait rendus au bonheur.

Vers le milieu de l'année 1777, les deux

frères du roi voyagèrent dans l'intérieur du royaume. Monsieur parcourut les provinces méridionales de la France, tandis que M. le comte d'Artois alla visiter les principaux ports de l'Ouest. Je ne suivrai point ce dernier dans son voyage ; je me contenterai de donner quelques détails sur celui de Monsieur.

Ce prince partit de Versailles le 10 juin 1777, accompagné de plusieurs seigneurs attachés à son service. Tous ses pas furent marqués par des actes de bonté, et chacun s'empressa sur sa route à lui donner les témoignages les plus éclatans de respect et d'amour. Un particulier d'Auxerre crut ne pouvoir plus dignement signaler sa joie que par une action généreuse et bienfaisante. Il tenait depuis long-temps en prison un débiteur insolvable : le jour où Monsieur passa dans cette ville, le bourgeois rendit la liberté au malheureux créancier, et le tint quitte de sa dette.

Les habitans des campagnes quittaient leurs travaux, et accouraient en foule sur les routes, pour jouir de la vue du frère de leur Roi. Un de ces bons villageois fut blessé sur la montagne de Vitaux en Bourgogne, par la faute d'un des postillons de Monsieur. Ce prince en étant informé, descendit de carrosse, fit panser le blessé sous ses yeux, et lui donna vingt louis. Avant de continuer sa route, il recommanda à un médecin de Vitaux de le soigner avec la plus grande attention et de lui en donner des nouvelles; puis il fit mettre en prison pour quelques jours le postillon qui, par sa brutalité, était cause de cet accident.

Arrivé à Toulouse, ce prince entendit d'abord la harangue du parlement; ensuite, par une distinction particulière qu'il voulut accorder aux lettres, il reçut l'hommage de l'académie des Jeux Floraux avant toute autre députation, même celle des cours souveraines. L'abbé d'Auffreri, portant la parole au nom de cette société savante, adressa à l'illustre voyageur un discours où l'on remarquait ce portrait fidèle : « C'est à l'éloquence et à la poésie à vous peindre, monseigneur, faisant, dans l'âge des plaisirs, vos plus chères délices de la retraite et de l'étude, partageant ce goût enchanteur avec l'auguste princesse dont les vertus réunies font le bonheur de vos jours ; écartant des avenues du trône la flatterie et le mensonge, y ramenant la vérité, si souvent bannie des cours ; inspirant enfin, par la force de l'exemple, ce saint respect pour les mœurs, d'où dépendent la gloire des nations, et la stabilité des empires...» L'orateur terminait son discours par un éloge pathétique du Dauphin, père du Roi et de ses frères. MONSIEUR s'attendrit en l'écoutant ; et lorsque l'abbé d'Auffreri eut cessé de parler, il lui dit avec bonté : «Je remercie l'académie des sentimens qu'elle me témoigne ; je connaissais depuis long-temps sa célébrité : vous confirmez, monsieur, l'idée que j'avais de ce corps.» Ce prince entretint ensuite, avec la plus grande affabilité, plusieurs des savans de cette société, à qui il promit sa puissante protection.

A Sorèse, MONSIEUR fut reçu au bruit d'une musique militaire, par les élèves de l'Ecole Royale. Après avoir examiné le bassin de Sainte-Ferréol, qui fournit des eaux au canal de Languedoc, le prince se rendit au collége, où il parcourut toutes les classes, assista aux différens exercices des élèves, et en interrogea plusieurs. Monsieur alla ensuite visiter le cabinet d'histoire naturelle : tandis qu'il examinait une pétrification d'un cœur, un élève nommé de Montgaillard, lui dit : « Monseigneur, c'est le seul cœur qui soit ici pétrifié ; tous les autres sont attendris par votre présence. » Le prince rit beaucoup de cette saillie, et embrassa l'aimable jeune homme. Il assista ensuite à leur souper : « Allons, mes amis, leur dit-il, acquittez-vous bien de cet exercice ; vous avez si bien fait tous les autres. » Pendant qu'il regardait avec intérêt ces jeunes gens, le petit de Bonneval, âgé de douze ans, lui exprima le bonheur dont sa présence les remplissait : « Monseigneur, lui dit-il, à Versailles, on voit manger les princes ; à Sorèse, les princes nous font l'honneur de nous voir manger. » Ce parallèle fit sourire Monsieur ; il embrassa cet enfant avec tendresse. En quittant cette maison, il dit au directeur : « J'avais ouï parler de cet établissement, je connaissais son utilité, et je le trouve digne de sa célébrité. Dans tout mon voyage rien ne m'a plus flatté que cette école. »

Lorsque Monsieur fit son entrée à Marseille, cinq à six mille jeunes gens en uniforme bordaient le cours depuis la porte d'Aix jusqu'à l'hôtel où il logea. Le spectacle, la pêche, les joûtes, les manufactures, occupèrent tour-à-tour les momens de ce prince. Il fut touché de l'empressement naïf des prud'hommes ou patrons pêcheurs, qui lui donnèrent une fête: il reçut de leurs mains un habit de pêcheur, en moire d'argent, semblable à celui qu'ils offrirent autrefois à Louis XIII, dans une semblable occasion.

A Tarascon, à Nîmes, même transport de joie. Le prince arriva dans cette dernière ville en même temps que Joseph II, qui parcourait le midi de la France. Quoique le monarque étranger se plût à garder l'*incognito* le plus exact, partout où son rang fut connu, on s'empressa de le fêter. Voyant donc la foule courir : « Où allez-vous? demanda-t-il à quelques hommes du peuple. Seriez-vous instruits que l'Empereur doit passer par cette ville? —Bon ! répliquèrent les Provençaux, ne sachant pas à qui ils s'adressaient, nous nous moquons bien de tous les Empereurs du monde, quand il arrive un frère de notre Roi. »

Après avoir visité Toulon, où on lui donna le spectacle d'un combat naval, Monsieur se rendit dans les états du pape, et vint à Avignon le 11 juillet. On avait construit sur les bords de la Durance, au passage du bac, une salle richement décorée, où ce prince fut reçu et complimenté par des envoyés du Saint-Père. Il alla ensuite visiter la fameuse fontaine de Vaucluse, si renommée par les amours et par les vers de Pétrarque.

Au moment de l'arrivée de l'illustre voyageur dans Avignon, toute la ville fut illuminée; une salve générale de l'artillerie se fit entendre, et il partit des différens clochers un nombre infini de gerbes de fusées. Pendant son séjour dans cette ville, Monsieur logea à l'hôtel du duc de Crillon. La garde bourgeoise vint lui offrir ses services : « Un fils de France, logé chez un Crillon, n'a pas besoin de gardes », répondit le prince en témoignant combien il était sensible à cette marque de zèle.

Au retour de son voyage, Monsieur put

rendre compte à son auguste frère des sentimens d'amour et de vénération dont le peuple était animé pour son Roi.

Bientôt un nouvel événement vint donner l'essor à la joie universelle ; Madame Royale fut le premier gage de la fécondité de la Reine. Le Roi, qui avait craint qu'elle ne lui donnât pas d'héritiers, était dans un ravissement inexprimable ; toute la France partagea son bonheur. L'armée, qui ne connaissait d'autre sentiment que l'amour de son Roi, d'autre maxime que vivre et mourir pour lui, donna particulièrement les signes de la plus vive allégresse. Le régiment d'infanterie de la Reine, en garnison à Brest, fit célébrer une messe solennelle et chanter un *Te Deum*. Après cette cérémonie, le corps des officiers fit distribuer d'abondantes aumônes aux femmes et enfans des matelots au service du Roi. Les soldats, jaloux de participer à cette bonne œuvre, joignirent la somme de cinq cents livres, fruit de leurs épargnes, à celle que leurs officiers avaient donnée.

Parmi les autres corps qui se distinguèrent

par des actes du même genre à l'occasion de cet heureux événement, je ne citerai que le régiment Colonel-général, en garnison en Champagne. Les officiers donnèrent une dot dans cinq villages, à la fille la plus pauvre et la plus sage, suivant le choix qui en fut fait par les notables et le curé de chaque paroisse. On n'imposa qu'une seule condition aux jeunes époux; ils devaient, leur vie durant, faire célébrer chaque année, le jour de la Saint-Louis, une messe basse pour demander à Dieu la conservation du Roi, de la Reine et de la Famille Royale.

Après vingt ans d'une cruelle absence, nous la revoyons cette auguste princesse : combien, par ses vertus et ses malheurs, n'a-t-elle pas acquis de nouveaux droits à notre estime, à notre amour! Dans tous les pays où elle s'est trouvée, les Français ont été l'objet de sa constante sollicitude : souvent elle s'est privée du nécessaire pour le distribuer à ceux que le sort des armes amenait prisonniers dans le lieu de son exil; souvent elle a pansé de ses propres mains les blessures de ceux qui avaient combattu contre elle. Ah ! jamais princesse du sang d'Henri IV n'a mieux mérité nos hommages !

En 1781, la naissance d'un Dauphin combla les vœux de la nation.

C'est un bonheur pour cet illustre enfant d'avoir quitté la vie au moment où les orages de la révolution commençaient à tonner sur sa famille. Il était réservé au jeune prince, né en 1785, de partager la persécution de ses parens, et de périr, ainsi qu'eux, victime de la fureur des révolutionnaires.

Jusqu'au moment de la révolution, Monsieur mena une vie sédentaire, cultivant avec goût les lettres et les sciences. Il passait régulièrement quelques heures de la matinée dans son cabinet, occupé à lire les auteurs les plus profonds en politique : rejetant avec dédain les principes du machiavélisme, il méditait attentivement les écrivains qui ont traité de l'art de rendre les peuples heureux en les gouvernant. On a vu que ce prince se plaisait à assembler dans son palais des littérateurs et des savans du premier mérite, pour s'entretenir avec eux de tout ce qui concerne les beaux arts; j'ajouterai ici que des hommes de lettres, des poëtes, des artistes distingués ont été comblés de sa protection et de ses bienfaits.

Après la mort tragique de l'aëronaute Pilâtre du Rozier, le Musée, espèce d'académie dont il était le fondateur, allait tomber avec lui. Pilâtre du Rozier ne laissait que des dettes, et les fonds placés par des actionnaires dans cet établissement, étaient dissipés; les membres du Musée allaient se voir réduits à fermer cette école naissante. MONSIEUR, informé de leur détresse, vint à leur secours. Il se déclara le protecteur à perpétuité de l'établissement, en acheta la propriété aux héritiers de Pilâtre du Rozier, satisfit les créanciers, et paya le cabinet de physique estimé cinquante mille francs. Ainsi, grâce à la munificence de MONSIEUR, on vit le Musée revivre avec éclat sous le nom de Lycée, et devenir un établissement vraiment national.

Je me plais à citer ici cette belle harangue adressée à MONSIEUR, en 1785, par M. de Beausset, évêque d'Alais, auteur de la *Vie de Fénélon*, et député des états de Languedoc : « Monseigneur, lui disait-il, les hommages et le respect des peuples sont dus au rang que vous occupez dans la nation, et au sang qui coule dans vos veines ; leur estime et leur confiance sont l'ouvrage de vos vertus et de vos lumières. L'amour de la vérité, gravé dans votre cœur dès vos plus tendres années, a dirigé de bonne heure votre esprit vers le goût des connaissances utiles et agréables; vous avez pensé qu'un prince ne pouvait se rendre utile aux hommes, qu'autant qu'il est éclairé ; tout parle aux princes de leur grandeur, et tout se tait sur leurs devoirs ; vous avez voulu connaître les vôtres, monseigneur, et vous n'avez pas interrogé les hommes d'un siècle, d'un moment ; vous avez parlé aux hommes de tous les âges, de tous les pays, et l'histoire vous a répondu en leur nom ; elle vous a fait voir, par d'illustres exemples, que la véritable puissance des princes est celle que l'opinion de leurs lumières ajoute au poids de leur autorité. Si les princes sont heureux de connaître le charme attaché au plaisir et au noble désir de s'éclairer, les peuples doivent également s'applaudir de voir les princes entraînés vers le goût de ces douces et estimables occupations ; elles servent à nourrir dans leur cœur cette précieuse sensibilité qui les avertit encore qu'ils sont hommes, lorsque tout conspire à les élever au-dessus de l'humanité..... »

Monsieur se délassait quelquefois de ses études profondes par quelques productions gracieuses ; mais respectant toujours les convenances, il se fit une loi de garder le plus strict anonyme dans ces diverses productions. Cependant, on n'a pas ignoré que les pièces de M. Morel, son intendant, jouées à l'Opéra avec un succès qui se soutient encore aujourd'hui, durent la plus grande partie de leur mérite à la plume du prince non moins savant qu'illustre, qui ne dédaigna pas d'y mettre le cachet de son talent. A la cour, on répétait les mots spirituels du frère du Roi, et parmi les vers que lui inspira, dans plusieurs circonstances, une muse légère, on a surtout retenu ce joli quatrain adressé à la Reine, et qui accompagnait l'envoi d'un éventail :

> Au milieu des chaleurs extrêmes,
> Heureux d'amuser vos loisirs,
> J'aurai soin près de vous d'amener les zéphyrs :
> Les amours y viendront d'eux-mêmes.

Dans mille autres circonstances, Monsieur donna des preuves d'un esprit aussi ingénieux que galant et délicat. Je ne citerai que le trait suivant : Au mois d'octobre 1785, la Reine voulut se rendre par eau à Fontainebleau. Elle s'embarqua à Paris au Pont-Royal, sur un yacht élégant. Le matin même de son départ le duc d'Orléans, qui était au château de Saint-Assise, sous les fenêtres duquel la Reine devait passer, reçut une caisse renfermant un immense filet d'un tissu d'or et d'argent, avec ce madrigal adressé à madame de Montesson, mariée secrètement au feu duc :

> A vous, charmante enchanteresse,
> O Montesson ! l'envoi s'adresse.
> Docile à mon avis follet,
> Avec confiance osez tendre
> Sur-le-champ ce galant filet,
> Et quelque grâce va s'y prendre.

Monsieur, l'auteur de cette plaisanterie, suggérait ainsi au duc d'Orléans un moyen adroit et délicat pour arrêter respectueusement la Reine, et lui fournir un prétexte de descendre à terre. Mais le duc, madame de Montesson, ni personne de leur cour ne sentirent l'usage qu'on pouvait faire de ce cadeau; personne ne se douta de la main illustre qui l'envoyait. Le duc d'Orléans eut même la bonhomie de faire remettre la caisse et tout ce qu'elle contenait, à M. Decrosne, lieutenant de police, en le priant de rendre ces objets à l'auteur de la plaisanterie, s'il parvenait à le connaître. La cour de Saint-Assise fut bien punie de cette gaucherie; la Reine passa outre, sans vouloir s'arrêter, malgré les vives instances du duc d'Orléans et de madame de Montesson. Monsieur, piqué du sort de son présent, ne put s'empêcher de s'écrier, dans le premier mouvement de son dépit : « Avec tout leur esprit, qu'ils sont bêtes à Saint-Assise! »

Ils ne furent pas de longue durée ces jours de tranquillité qui permettaient encore aux princes ces innocentes récréations de la vie privée. L'état d'épuisement où se trouvaient les finances engagea Louis XVI à appeler les notables de son royaume : ils furent convoqués au mois de février 1787. L'assemblée était divisée en sept bureaux ou comités, chacun présidé par un prince du sang : le premier avait à sa tête Monsieur, et le second, M. le comte d'Artois. Le public qualifia ces comités d'après le caractère ou les discours de leurs chefs : celui de Monsieur fut appelé le comité des sages, et celui de M. le comte d'Artois, le comité des francs.

Le 22 février, l'assemblée des notables tint sa première séance, présidée par le Roi, qui s'y rendit dans tout l'appareil de la majesté royale. Le monarque prononça le discours suivant :

« Messieurs, je vous ai choisis dans les différens ordres de l'Etat, et je vous ai rassemblés autour de moi, pour vous faire part de mes projets. C'est ainsi qu'en ont usé plusieurs de mes prédécesseurs, et notamment le chef de ma branche, dont le nom est resté cher à tous les Français, et dont je me ferai gloire de suivre toujours les exemples.

» Les projets qui vous seront communiqués de ma part sont grands et importans. D'une part, améliorer les revenus de l'Etat et assurer leur libération entière par une répartition plus égale des impositions ; de l'autre, libérer le commerce des différentes entraves qui en gênent la circulation, et soulager, autant que les circonstances me le permettent, la partie la plus indigente de mes sujets : telles sont, messieurs, les vues dont je me suis occupé, et auxquelles je me suis fixé, après le plus mûr examen.

» J'écouterai les observations que vous me ferez, et je les peserai exactement. J'espère que vous concourrez tous au même but, qui est le bien de l'Etat. »

Avant l'ouverture de la séance, Monsieur sollicitait le Roi de lui communiquer son discours : Louis XVI s'y refusa, en disant à son frère : « Vous voudriez me corriger, mettre du vôtre, des figures de rhétorique ; mon discours en deviendrait plus brillant ; mais ce n'est pas ce que je désire ; je ne veux parler que d'après moi seul à la nation, et je me fais un plaisir qu'elle sache ma vraie façon de penser et de sentir pour elle. »

Monsieur ne manqua pas un seul jour de présider son comité, et il y développa des vertus vraiment patriotiques, si l'on entend aujourd'hui, par le mot de patriote, le sincère ami de son pays. Le Roi lui sut le meilleur gré de ses soins à discuter les matières les plus sérieuses d'administration, à les éclaircir, à défendre les intérêts et la cause du peuple. Ses lumières le mettaient plus qu'aucun autre prince à même de rendre les plus grands services à la chose publique. En faisant quelques concessions aux novateurs, Monsieur parvenait souvent à les ramener, par une pente imperceptible, dans la bonne voie, et à tempérer l'exagération de leurs opinions. Versé dans la lecture des philosophes et des jurisconsultes, il pouvait répondre, avec un succès égal, aux argumens du magistrat armé de sa chicane, et du publiciste imbu des idées nouvelles. Aussi était-ce avec une glorieuse supériorité, que ce prince dirigeait les opérations de son bureau.

La faction qui a tant parlé d'idées libérales dans ces derniers temps, ignorait-elle donc que, même avant la révolution, Monsieur professait une politique dégagée des préjugés et contraire aux abus dont le maintien n'avait plus rien d'utile? Comme tous les hommes d'esprit, comme tous les bons Français, dès ce temps-là ce prince sentait que le gouvernement avait besoin de consulter les opinions régnantes; il voyait le besoin de certaines réformes; mais il craignait, avec plus de raison encore, les innovations générales. Monsieur fit souvent à cet égard sa profession de foi dans l'assemblée des notables. Un jour, un membre de son bureau, entaché des principes révolutionnaires, citait avec emphase ce vers de la tragédie de Straffort, par M. le comte de Lally-Tollendal:

La couronne a ses droits, mais le peuple a les siens.

Monsieur, qui posséda toujours mieux que personne le talent de citer à propos, lui répondit sur-le-champ par ce vers du rôle de Charles Ier, de la même tragédie :

Renverser un Etat n'est pas le réformer.

De quoi s'agissait-il alors ? D'augmenter les revenus de l'Etat pour faire face aux dépenses, sans cependant charger le peuple par de nouveaux impôts. D'antiques priviléges exemptaient les biens de la noblesse et du clergé de verser comme les autres au trésor public ; mais depuis long-temps on sentait combien il était injuste que les propriétaires les plus considérables de la France eussent en partage toutes les faveurs de l'Etat sans supporter aucune des charges. Depuis long-temps on avait reconnu la nécessité d'une égale répartition des impôts sur toutes les propriétés indistinctement : elle eut remédié au déficit effrayant des finances. Le droit du timbre, que l'on ne voulait pas étendre alors comme il l'est aujourd'hui, eut encore été d'un grand produit pour le trésor, sans peser lourdement sur le peuple. La France était sauvée, si les parlemens du Royaume, à l'exemple de celui de Paris, n'eussent pas refusé de sanctionner les dispositions libérales du monarque, consenties par l'assemblée des notables avant sa séparation. Mais l'impôt territorial et celui du timbre devaient peser sur tous les membres de ces grands corps de l'Etat; l'intérêt personnel leur en fit donc refuser l'enregistrement. Cette magistrature, pleine de l'idée de ses anciennes rébellions à l'autorité royale, se montra fière de s'opposer au Roi dans cette nouvelle circonstance, sans examiner que les temps n'étaient plus les mêmes, et qu'elle creusait un abîme où elle serait engloutie avec le trône. Louis XVI vit alors s'accomplir les prophéties consignées dans les mémoires que Monsieur avait composés en 1774, contre le rétablissement des anciens parlemens; il reconnut, mais trop tard, la précoce sagesse et toute la profondeur des vues de son frère.

Le 6 août 1787, le Roi tint un lit de justice à Versailles, où l'enregistrement des deux édits fut forcé. Le lendemain, le parlement ne manqua point de protester contre la violence qui lui avait été faite : c'était l'usage. L'intérêt du peuple, qui est le mot banal dont se servent habituellement les rebelles à l'autorité, ne put servir d'excuse cette fois aux parlementaires. Lorsque MONSIEUR alla faire enregistrer les édits à la chambre des comptes à Paris, le peuple le salua de mille acclamations : on s'empressait de lui présenter des bouquets et de jeter des fleurs sur son passage. Sa voiture pouvait à peine se faire jour à travers la foule : son cocher ayant voulu hâter le pas, le prince mit la tête à la portière, en lui criant : « Prenez garde de blesser personne. » Une attention si naturelle redoubla les transports, et fit l'objet de tous les entretiens du jour. Les dames de la halle n'oublièrent point leur antique privilége, pour haranguer le prince qui reçut enfin dans cette journée les témoignages éclatans d'un amour bien mérité.

A défaut d'un juste motif d'opposition aux sages volontés du Roi, les parlementaires eurent recours à la sédition. Leurs suppôts se réunirent autour du Palais de Justice, à la place Dauphine, sur le Pont-Neuf, et ce fut là le commencement des désordres de la révolution. Le mal empirant de jour en jour, Louis XVI résolut de convoquer les états-généraux. Le parlement de Paris, à qui fut envoyé la déclaration du Roi, demanda qu'ils fussent convoqués dans la même forme que les États de 1614, c'est-à-dire en nombre égal des députés des trois ordres. Tel était aussi le vœu de la noblesse et du clergé. Le Roi rappela alors l'assemblée des notables, pour décider les diverses questions relatives à l'organisation des états-généraux. Des six bureaux, un seul, celui de Monsieur, se déclara pour la double représentation du tiers-état, encore cet avis ne l'emporta-t-il que d'un seul suffrage. Quand on rapporta à Louis XVI le nombre de voix que le tiers avait eu en sa faveur dans ce bureau : « Ajoutez-y la mienne, dit vivement le Roi, car je la lui donne. »

Les princes, les ministres, la majorité des notables furent effrayés des intentions du monarque. Ce ne fut qu'après avoir mûrement pesé toute la gravité des circonstances, que Monsieur s'était déterminé à se ranger à l'opinion du Roi. Il accueillit d'abord et soumit au monarque toutes les représentations qu'on lui fit à cet égard. Il lui communiqua entre autres la note suivante, que lui avait remise le prince de Conti :

« Monsieur, je dois à l'acquit de ma conscience, à la position critique de l'État, et à ma naissance, de vous faire observer que nous sommes inondés d'écrits scandaleux, qui répandent de toutes parts dans le royaume le trouble et la division. La monarchie est attaquée, on veut son anéantissement, et nous touchons à ce moment fatal ; mais, monsieur, il est impossible que le Roi n'ouvre pas les yeux, et que les princes ses frères n'y coopèrent pas. Veuillez donc, monsieur, représenter au Roi combien il est important pour la stabilité de son trône, pour son autorité, pour les lois et le bon ordre, que tous les nouveaux systèmes soient proscrits à jamais, et que la constitution et les formes anciennes soient maintenues dans leur intégrité.... »

Il est certain que dans la multitude des causes qui ont concouru à hâter la marche effrayante de la révolution, et par conséquent à amener la destruction de la monarchie, il n'en est point qui ait eu une influence plus directe et plus fatale que la double représentation du tiers-état. Louis XVI pouvait le pressentir aussi bien que tous ceux qui le lui faisaient observer ; mais d'un autre côté, lorsqu'il voulait rétablir les finances, qu'il proposait le seul moyen convenable, par qui se trouvait-il contrarié ? Par les premiers ordres du royaume. Il dut donc appréhender la même contrariété dans les États convoqués selon les anciens usages ; et se voyant entre deux écueils, il préféra se jeter dans les bras du peuple. L'ingratitude des parlemens avait cruellement déchiré son âme ; il crut devoir compter plus sûrement sur la reconnaissance du troisième ordre qu'il protégeait si loyalement. Il répéta ce qu'avait dit Louis XI : « Je préfère l'attachement des bourgeois, à la foi douteuse des grands. » Ce malheureux prince pouvait-il prévoir qu'il était dans sa destinée de ne rencontrer partout que des ingrats !

Fort de ses intentions paternelles, le Roi

fit donc paraître un édit portant que les députés du tiers-état seraient égaux en nombre aux députés des deux ordres réunis. Les états-généraux furent convoqués d'après ce principe, et l'ouverture s'en fit à Versailles, le 4 mai 1789.

Je ne suivrai point les événemens de la révolution, je ne dois parler ici que de ceux qui regardent personnellement le prince dont j'écris l'histoire. On ne sait que trop qu'un autre prince, dont le sang royal coulait aussi dans les veines, parut dans les rangs des factieux, et devint l'un des plus acharnés persécuteurs de l'infortuné Louis XVI, dont il ambitionnait le trône. Cet homme fut le plus puissant moteur des crimes de la révolution. Les journées des 5 et 6 octobre lui firent connaître sa force, par la facilité avec laquelle il souleva la multitude, en répandant avec profusion son or corrupteur. Les hommes sages qui n'aspiraient qu'à la réforme des abus, ceux qui désiraient véritablement la liberté de leur pays, et n'entendaient, par le mot d'égalité, que l'empire de la loi qui doit régir indistinctement tous les membres de la société ; ces hommes, dis-je, ne virent pas sans effroi la direction infernale que l'on donnait au peuple, après le premier élan fait vers un noble but. Il leur fut facile d'entrevoir que la patrie allait tomber dans un esclavage mille fois plus horrible que celui dont on avait voulu s'affranchir.

Etroitement uni au Roi par les liens du sang et de l'amitié, Monsieur devint encore plus attaché à son frère, lorsqu'il le vit environné de périls; il lui aida à supporter le choc des événemens cruels qui se succédaient si rapidement à cette fatale époque. Des menées odieuses l'obligèrent bientôt à paraître en public, et quelque répugnance qu'il eût à parler de lui, il crut de son honneur de faire une démarche éclatante pour repousser jusqu'au soupçon du crime qu'on osait lui imputer. Le 26 décembre 1789, il se rendit à l'hôtel-de-ville. Le discours suivant, qu'il prononça dans l'assemblée des représentans de la commune, va nous instruire jusqu'où des hommes déhontés osaient alors porter l'audace et la perfidie.

«Messieurs, le désir de repousser une calomnie atroce, m'amène au milieu de vous.

M. de Favras a été arrêté avant-hier, par ordre de votre comité des recherches, et l'on répand aujourd'hui avec affectation que j'ai de grandes liaisons avec lui. En ma qualité de citoyen de la ville de Paris, j'ai cru devoir venir vous instruire moi-même des seuls rapports sous lesquels je connais M. de Favras.

» En 1772, il est entré dans mes gardes suisses ; il en est sorti en 1775, et je ne lui ai pas parlé depuis cette époque. Privé depuis plusieurs mois de la jouissance de mes revenus, inquiet sur les payemens considérables que j'ai à faire en janvier, j'ai désiré pouvoir satisfaire à mes engagemens, sans être à charge au trésor public. Pour y parvenir, j'avais formé le projet d'aliéner des contrats pour la somme qui m'était nécessaire : on m'a représenté qu'il serait moins onéreux à mes finances de faire un emprunt. M. de Favras m'a été indiqué, il y a environ quinze jours, par M. de la Châtre, comme pouvant l'effectuer par deux banquiers, MM. Schaumel et Sartorius. En conséquence, j'ai souscrit une obligation de deux millions, somme nécessaire pour acquitter mes engagemens du commencement de l'année, et pour payer ma maison; et cette affaire étant purement de finance, j'ai chargé mon trésorier de la suivre. Je n'ai point vu M. de Favras, je ne lui ai point écrit; je n'ai eu aucune communication quelconque avec lui. Ce qu'il a fait, d'ailleurs, m'est parfaitement inconnu.

» Cependant, messieurs, j'ai appris hier que l'on distribuait avec profusion dans la capitale, un papier conçu en ces termes:

« Le marquis de Favras a été arrêté la nuit
» du 24 au 25, pour un plan qu'il avait
» fait de faire soulever trente mille hommes,
» pour faire assassiner M. de la Fayette et le
» maire de la ville, et ensuite nous couper les
» vivres. Monsieur, frère du Roi, était à la
» tête. »

Signé, Barauz.

» Vous n'attendez pas de moi, sans doute, que je m'abaisse jusqu'à me justifier d'un crime aussi bas; mais, dans un temps où les calomnies les plus absurdes peuvent faire aisément confondre les meilleurs citoyens avec les ennemis de l'Etat, j'ai cru, messieurs, devoir au Roi, à vous, et à moi-même, d'entrer dans tous les détails que vous venez d'entendre, afin que l'opinion publique ne pût rester un seul jour incertaine. Quant à mes opinions personnelles, j'en parlerai avec confiance à mes concitoyens. Depuis le jour où, dans la seconde assemblée des notables, je me déclarai sur la question fondamentale qui divisait encore les esprits, je n'ai pas cessé de croire qu'une grande révolution était prête; que le Roi, par ses intentions, ses vertus et son rang suprême, devait en être le chef, puisqu'elle ne pouvait pas être avantageuse à la nation, sans l'être également au monarque; enfin, que l'autorité royale devait être le rempart de la liberté nationale, et la liberté nationale, la base de l'autorité royale.

» Que l'on cite une seule de mes actions, un seul de mes discours, qui ait démenti ces principes, qui ait montré que, dans quelque circonstance où j'aie été placé, le bonheur du Roi, celui du peuple, ait cessé d'être l'unique objet de mes pensées et de mes vœux; jusques-là, j'ai le droit d'être cru sur ma parole : je n'ai jamais changé de sentimens ni de principes, et je n'en changerai jamais. »

M. Bailli, maire, fit à ce discours la réponse suivante :

« Monsieur, c'est une grande satisfaction pour les représentans de la commune de Paris, de voir parmi eux le frère d'un Roi chéri, d'un Roi, le restaurateur de la liberté française. Augustes frères, vous êtes unis par les mêmes sentimens! Monsieur s'est montré le premier citoyen du royaume en votant pour le tiers-état, dans la seconde assemblée des notables ; il a été presque le seul de cet avis, du moins avec un très-petit nombre d'amis du peuple, et il a ajouté la dignité de la raison à tous ses autres titres, et au respect de la nation. Monsieur est donc le premier auteur de l'égalité civile ; il en donne un nouvel exemple aujourd'hui, en venant se mêler parmi les représentans de la commune, où il semble ne vouloir être apprécié que par ses sentimens patriotiques ; ces sentimens sont consignés dans les explications que Monsieur veut bien donner à l'assemblée. Le prince va au-devant de l'opinion publique; le citoyen met le prix à l'opinion de ses concitoyens; et j'offre à Monsieur, au nom de l'assemblée, le tribut de respect et de reconnaissance qu'elle doit à ses sentimens, à l'honneur de sa présence, et surtout au prix qu'il attache à l'estime des hommes libres. »

Monsieur, lisant dans les yeux de tous ceux qui l'environnaient, les sentimens que venait d'exprimer M. Bailli, et les entendant confirmer par les applaudissemens qui retentissaient de toutes parts, montra la plus vive sensibilité, au point d'en être attendri jusqu'aux larmes; il répliqua en ces termes:

« Le devoir que je viens de remplir a été pénible pour un cœur vertueux; mais j'en suis bien dédommagé par les sentimens que l'assemblée vient de me témoigner; et ma bouche ne doit plus s'ouvrir que pour demander la grâce de ceux qui m'ont offensé. »

Ce prince fut conduit à son carrosse par une partie des membres de la commune, et les applaudissemens d'un peuple immense l'accompagnèrent jusqu'à son palais.

Deux jours après, Monsieur adressa au président de l'assemblée nationale, une lettre conçue en ces termes :

« Monsieur le président, la détention de M. de Favras ayant été l'occasion des calomnies où l'on aurait voulu m'impliquer, et le comité des recherches de la ville se trouvant en ce moment saisi de cette affaire, j'ai cru qu'il me convenait de porter à la commune de Paris une déclaration qui ne laissât aux honnêtes gens aucun des doutes qu'on avait cherché à leur inspirer. Je crois maintenant devoir informer l'assemblée nationale de cette démarche, parce que le frère du Roi doit se préserver même d'un soupçon, et que l'affaire de M. de Favras, telle qu'on l'annonce, est trop grave pour que l'assemblée ne s'en occupe pas tôt ou tard, et pour que je ne me permette pas de lui manifester le désir que tous les détails en soient connus et publics. Je vous serai très-obligé de lire de ma part cette lettre à l'assemblée, ainsi que le discours que je prononçai avant-hier, comme l'expression fidèle de mes sentimens les plus vrais et les plus profonds. »

Cet infortuné Favras, que de misérables dénonciateurs ont osé accuser d'avoir cherché à les entraîner dans une conspiration tendante à enlever le Roi, fut une innocente victime immolée à la fureur du peuple : on ne peut en douter d'après ces étranges paroles que lui adressèrent ses juges après sa condamnation : « Votre vie est un sacrifice que vous devez à la tranquillité et à la liberté publiques. » C'est un exemple unique sans doute dans les annales des tribunaux, que d'entendre des juges dire à un accusé qu'il doit mourir, non parce qu'il est coupable, mais parce que des considérations publiques l'exigent!!! Cette sentence est le premier acte de la tyrannie révolutionnaire, vers laquelle on marchait à grands pas : il n'y a plus de liberté à espérer, lorsque les magistrats, organes de la loi, n'ont pas la force de conserver leur indépendance.

Louis XVI s'empressa de consoler lui-même son frère de l'accusation non moins absurde qu'odieuse, intentée contre lui. Il suffisait alors, pour être en butte aux persécutions des ennemis du Roi, de lui être attaché, soit par les liens du sang, soit par l'amour, le respect et la vénération que méritait sa personne sacrée. Monsieur était le seul des princes restés auprès du monarque. Les massacres qui avaient lieu journellement, faisant une loi aux personnes de sa famille de mettre leur tête à l'abri des assassins, M. le comte d'Artois s'était réfugié à Turin, près du Roi de Sardaigne, son beau-père; les princes de Condé et de Conti, le duc de Bourbon et le duc d'Enghien son fils, avaient fui également en pays étranger. Madame Elisabeth ne voulut jamais quitter son frère; elle fut pour lui un ange consolateur au milieu de toutes ses peines. Louis XVI était surpris de trouver dans ses entretiens une maturité de raison unie à une douceur de sentimens dont le charme reposait son cœur des chagrins et des soucis dont il était accablé. En partageant les malheurs de son auguste frère, en associant sa destinée à la sienne, Madame Elisabeth s'est aussi associée à son immortalité.

Madame Adélaïde, cette bonne tante à qui la Dauphine avait recommandé ses enfans, et qui leur avait donné tous les soins d'une mère, demeura près du Roi, ainsi que Madame Victoire, jusqu'au mois de février 1791. Mais pendant enfin tout espoir de tranquillité en France, ces deux princesses se déterminèrent à se rendre à Rome. Leur départ et leur voyage éprouvèrent nombre d'obstacles ; elles arrivèrent cependant dans les états du Souverain Pontife, et Louis XVI fut tranquille sur leur sort.

Deux jours après l'éloignement des tantes du Roi, une foule de peuple, soulevée par les agens de la faction d'Orléans, se rendit au palais du Luxembourg, et pénétra chez Monsieur, pour lui demander s'il était vrai qu'il pensât à sortir du royaume. Le prince les assura que jamais il ne quitterait la personne du Roi. Un homme de la troupe élevant la voix, s'écrie : « Et si le Roi venait à partir ? » Monsieur fixe l'homme qui l'avait interpellé, et lui répond avec dignité : « Osez-vous bien le prévoir ! »

Ah ! sans doute que les chefs du parti le prévoyaient, parce qu'ils savaient tous les outrages qu'on était résolu de lui faire essuyer. L'attitude calme et sévère du prince en imposa aux factieux ; ils n'osèrent plus continuer leurs insolentes interpellations, et ils se contentèrent de le menacer en se retirant. Quoiqu'ils n'eussent recueilli de cette démarche que le plaisir de lui faire une insulte, elle ne fut pas tout à fait perdue pour leur système. En répétant les insultes et les outrages, on accoutumait le peuple à la licence la plus effrénée ; c'était un des moyens mis en usage pour le porter ensuite aux plus grands crimes.

Le 28 février 1790, on excita un mouvement au faubourg Saint-Antoine, par suite duquel la multitude, soudoyée sans doute, marcha à Vincennes et entreprit de démolir le donjon. De fidèles serviteurs du Roi, craignant que ces hommes ne se portassent ensuite aux Tuileries, s'empressèrent de s'y rendre. Les meneurs de la révolution répandirent aussitôt le bruit qu'on voulait enlever le Roi : Louis XVI crut alors de sa prudence de venir congédier ces zélés défenseurs. C'étaient presque tous d'anciens chevaliers de Saint-Louis; et, parce que quelques-uns étaient munis d'arme en forme de poignard, on les appela les *Chevaliers du poignard*. L'un d'entre eux prenant la parole, dit qu'ayant su le Roi en danger, ils étaient venus pour lui faire un rempart de leurs personnes. Le Roi rendit justice à leurs nobles intentions, mais ajoutant qu'il ne pouvait rien craindre au milieu des citoyens soldats formant sa garde, il les invita à déposer leurs armes avant de se retirer. Aussitôt un grand nombre de ces fidèles sujets lui donnèrent cette dernière marque d'obéissance et de dévouement.

Louis XVI n'ignorait pas cependant qu'il se trouvait de ses ennemis jusque parmi cette garde nationale ; ils étaient sans doute nombreux et bien acharnés ce jour-là, puisqu'ils ne lui épargnèrent point un outrage sanglant, lors même qu'il cherchait à les ramener par une preuve éclatante de confiance. Au lieu de la reconnaissance que méritait la noble démarche des zélés défenseurs du Roi, on les humilia en annonçant qu'ils seraient fouillés avant de sortir. Plusieurs, après avoir déposé leurs armes, se virent assaillis : M. de Pienne, fils de M. Villequier d'Aumont, et premier gentilhomme de la chambre en survivance de son père, fut terrassé et foulé aux pieds. Le Roi eut la douleur de voir maltraiter sous ses yeux, sans pouvoir les défendre, ceux qui lui donnaient les plus touchantes preuves de leur attachement. M. Beauharnais le jeune, membre de l'assemblée nationale, déclara que député, homme d'honneur et citoyen, il ne serait fouillé que mort, et qu'on l'étendrait sur la place avant de porter la main sur lui. M. Chabert, chef d'escadre et grand'croix de Saint-Louis, ainsi qu'une foule d'autres défenseurs du trône, tinrent le même langage, et passèrent librement.

Au mois d'avril 1791, le Roi se proposa d'aller à Saint-Cloud avec sa famille, comme il y avait été l'année précédente; mais depuis cette époque, la tyrannie du peuple s'était accrue par l'impunité de toutes ses violations de la loi. Dès le matin, la populace s'assemble aux Tuileries, elle remplit les cours du palais, et couvre tous les environs. Dès que le Roi paraît, on entend la multitude s'écrier : « Nous ne voulons pas qu'il s'éloigne, nous jurons qu'il ne partira pas. » Elle entoure les voitures, saisit les brides des chevaux. Le maire harangue en vain ; une partie de la garde nationale refuse de faire ouvrir le passage , et Louis XVI est obligé de rentrer dans sa prison ; car, après cela , on ne saurait appeler autrement son palais. «Il est bien étonnant, dit ce monarque, qu'après avoir donné la liberté à la nation, je ne sois pas libre moi-même. »

Un tel outrage aurait dû exciter l'indignation de l'assemblée nationale ; elle demeura muette. Dès-lors , il ne fut plus possible au Roi de se faire illusion sur sa captivité, et il dut chercher à se rendre indépendant des factieux , en s'éloignant de la capitale. Le 21 juin suivant, Louis XVI quitta secrètement son palais avec toute sa famille, et se dirigea sur Montmédy. MONSIEUR quitta en même temps le Luxembourg, et prit la route de Lille. Le roi, reconnu à Varennes , préféra se voir reconduit à Paris plutôt que de faire répandre le sang des audacieux qui osaient lui barrer le passage. L'extrême bonté de ce prince , jointe à la crainte qu'il avait d'exposer les jours de sa famille, le détermina à ménager sans cesse les factieux acharnés à sa perte. A combien de malheurs la patrie aurait sans doute échappé, si le Roi, dégagé des entraves qui enchaînaient son autorité tutélaire, eut enfin recouvré assez de force pour arrêter les écarts où l'on entraînait une partie de la nation, faire cesser l'anarchie qui désolait le royaume, et punir les vils factieux qui ne voulaient renverser la royauté que pour asservir la France sous le joug de la plus honteuse tyrannie ! Nul doute que dès-lors, comme aujourd'hui, la nation eut joui de cette sage liberté qu'il nous était réservé de ne connaître que sous le règne de Louis XVIII.

Ce prince, plus heureux que le Roi son frère, parvint aux frontières sans obstacles et sans danger. En apprenant le funeste événement de Varennes, il prit aussitôt le parti de quitter la France pour travailler avec zèle à faire recouvrer à l'infortuné monarque l'autorité qu'il n'aurait jamais dû perdre. Louis XVI lui écrivit la lettre suivante, en date du 23 juillet.

« Il faut donc encore que mon malheur pèse

sur vous; et que vous soyez une victime de la fatalité qui me poursuit ! Lorsque je cherchais un asile, le repos et l'honneur des Français, je n'ai trouvé sur mes pas que la trahison, un abandon cruel, l'audace du crime et la fatalité des circonstances. Plus d'espoir de ramener les Français ; plus de justification à espérer, de liberté à obtenir, de bien à faire de plein gré, de mon propre mouvement. Il y a quelques jours que j'étais un vain fantôme de Roi, le chef impuissant d'un peuple tyran de son Roi, et esclave de ses oppresseurs ; aujourd'hui partageant ses fers, je suis prisonnier dans mon palais, je n'ai pas même le droit de me plaindre. Séparé de ma famille entière, mon épouse, ma sœur, mes enfans, gémissent loin de moi; et vous, mon frère, par le plus noble dévouement, vous vous êtes condamné à l'exil ; vous voilà dans les lieux où gémissent tant de victimes que l'honneur appelait sur les bords du Rhin, mais que mon amour pour eux, mes ordres, ou plutôt mes pressantes invitations, appelaient dans le sein de leur triste patrie. S'ils sont malheureux, dites-leur que Louis, que leur Roi, que leur père, que leur ami est plus malheureux encore !

» Cette fuite, qui m'était si nécessaire, qui devait peut-être faire mon bonheur et celui du peuple, sera le motif d'une accusation terrible. Je suis menacé, j'entends les cris de la haine ; on parle de m'interroger. Non, jamais ; tout le temps qu'il me sera permis de me croire Roi de France, j'éviterai tout ce qui tendrait à m'avilir.

» O mon frère ! espérons un plus doux avenir ! Le Français aimait ses Rois ; qu'ai-je donc fait pour être haï, moi qui les ai toujours portés dans mon cœur? Si j'avais été un Néron, un Tibère..... Qu'un doux espoir nous reste encore. Puisse la première lettre que je vous adresserai, vous apprendre que mon sort est changé ! »

Après s'être assuré du puissant intérêt que les cours de l'Europe prenaient à l'affreuse position de Louis XVI, Monsieur publia le manifeste suivant, adressé au Roi son frère, et daté du château de Schœnburnst, près de Coblentz, le 10 septembre.

« Sire,

» Lorsque l'assemblée, qui vous doit l'existence, et qui ne l'a fait servir qu'à la destruction de votre pouvoir, se croit au moment de consommer sa coupable entreprise; lorsqu'elle ose vous présenter l'option ou de souscrire à des décrets qui feraient le malheur de vos peuples, ou de cesser d'être Roi, nous nous empressons d'apprendre à votre Majesté que les puissances, dont nous avons réclamé pour elle les secours, sont déterminées à y employer leurs forces, et que l'Empereur et le Roi de Prusse viennent d'en contracter l'engagement mutuel. Le sage Léopold a signé cet engagement à Pilnitz le 27 du mois dernier, conjointement avec le digne successeur du grand Frédéric.

» Les autres cours sont dans les mêmes dispositions. Les princes et les états de l'Empire ont déjà protesté dans des actes authentiques. Vous ne sauriez douter, Sire, de l'intérêt des Rois de la maison de Bourbon. Les généreux sentimens du Roi de Sardaigne, notre beau-père, ne peuvent pas être incertains. Vous avez droit de compter sur ceux des Suisses, les bons et anciens amis de la France. Jusque dans le fond du Nord, un Roi magnanime veut aussi contribuer à rétablir votre autorité; et l'immortelle Catherine, à qui aucun genre de gloire n'est étranger, ne laissera pas échapper celle de défendre la cause de tous les souverains. Ainsi dans vos malheurs, Sire, vous avez la consolation de voir toutes les puissances conspirer à les faire cesser; et votre famille, dans le moment critique où vous êtes, aura pour appui l'Europe toute entière.

» Ceux qui savent qu'on n'ébranle vos résolutions qu'en attaquant votre sensibilité, voudront sans doute vous faire envisager l'aide des puissances étrangères comme pouvant devenir funeste à vos sujets; mais, Sire, les intentions des souverains qui vous donneront des secours, sont aussi droites, aussi pures que le zèle qui nous les a fait solliciter; elles n'ont rien d'effrayant, ni pour l'Etat ni pour vos peuples. Ce n'est point les attaquer, c'est leur rendre le plus signalé des services, que de les arracher au despotisme des démagogues et aux calamités de l'anarchie;

c'est venger la liberté, que réprimer la licence ; c'est affranchir la nation, que de rétablir la force publique.

» Le but des puissances confédérées n'est que de soutenir la partie saine de la nation contre la partie délirante, et d'éteindre, au sein du royaume, le volcan de fanatisme dont les éruptions propagées menacent tous les empires.

» L'ivresse, Sire, n'a qu'un temps; les succès du crime ont des bornes ; on se lasse bientôt des succès quand on en devient soi-même victime. Bientôt l'on se demandera pourquoi l'on se bat, et l'on verra que c'est pour servir l'ambition d'une troupe de factieux qu'on méprise, contre un Roi qui s'est toujours montré juste et humain ; pourquoi l'on se ruine ? et l'on verra que c'est pour assouvir la cupidité de ceux qui se sont emparés de toutes les richesses de l'Etat, qui en font le plus détestable usage, et qui, chargés de restaurer les finances publiques, les ont précipitées dans un abîme épouvantable ; pourquoi l'on viole les devoirs les plus sacrés? et l'on verra que c'est pour devenir plus pauvres, plus souffrans, plus vexés, plus imposés qu'on ne l'avait jamais été; pourquoi l'on bouleverse l'ancien gouvernement? et l'on verra que c'est dans le vain espoir d'en introduire un qui, s'il était praticable, serait mille fois plus abusif, mais dont l'exécution est absolument impossible.

» Ne jugez pas, Sire, de la disposition du plus grand nombre par les mouvemens des plus turbulens; ce qu'on vous cache, et ce qui dénote bien mieux le changement qui se fait de jour en jour dans l'opinion publique, ce sont les marques de mécontentement qui percent dans toutes les provinces, et qui n'attendent qu'un appui pour éclater.

» Ne croyez pas, Sire, aux exagérations des dangers par lesquels on s'efforce de vous effrayer. Depuis trop long-temps on abuse de cet artifice; et le moment est venu de rejeter sur les factieux l'arme de la terreur, qui, jusqu'ici, a fait toute leur force. Les grands forfaits ne sont point à craindre lorsqu'il n'y a aucun intérêt à les commettre, ni aucun moyen d'éviter, en les commettant, une punition terrible. Tout Paris sait, tout Paris doit savoir que si une scélératesse fanatique ou soudoyée osait attenter à vos jours, où à ceux de la Reine, des armées nombreuses, chassant devant elles une milice faible par indiscipline, et découragée par le remords, viendraient aussitôt fondre sur la ville impie qui aurait attiré sur elle la vengeance du ciel et l'indignation de l'univers.

» Mais si la plus aveugle fureur armait un bras parricide, vous verriez, Sire, des milliers de citoyens fidèles se précipiter autour de la famille royale; vous couvrir, s'il le fallait, de leurs corps, et verser tout leur sang pour défendre le vôtre... Eh! pourquoi cesseriez vous de compter sur l'affection d'un peuple dont vous n'avez pas cessé de vouloir un seul instant le bonheur? Si le Français se laisse facilement égarer, il rentre aussi facilement dans la route du devoir. Ses mœurs sont trop douces pour qu'il soit long-temps féroce; son amour pour ses Rois trop enraciné dans son cœur, pour qu'une illusion funeste ait pu l'en arracher entièrement.

» L'assemblée vous a présenté, le 3 de ce mois, le résumé de son acte constitutionnel. Quel serait donc le danger auquel votre majesté s'exposerait si elle refusait de l'accepter? Au dire même de vos plus cruels oppresseurs, vous n'en auriez d'autres à craindre que d'être destitué de la royauté.

» Mais qu'importe, Sire, que vous cessiez d'être Roi aux yeux des factieux, lorsque vous le seriez plus solidement, plus glorieusement aux yeux de toute l'Europe et dans le cœur de tous vos sujets fidèles? Qu'importe que, par une entreprise insensée, on osât vous déclarer déchu du trône de vos ancêtres, lorsque les forces combinées de toutes les puissances sont préparées pour vous y maintenir et punir les vils usurpateurs qui en auraient souillé l'éclat? Le danger serait bien plus grand si, vous résignant à n'avoir plus que le vain titre d'un Roi sans pouvoir, vous paraissiez, au jugement de l'univers, abdiquer la couronne dont chacun sait que la conservation exige celle des droits inaliénables qui y sont essentiellement inhérens.

» Le plus sacré des devoirs, Sire, ainsi que le plus vif attachement, nous portent à mettre sous vos yeux toutes ces conséquences dangereuses, en même temps que nous vous présentons la masse des forces imposantes qui doit être la sauve-garde de votre fermeté. Mais si des motifs que nous ne pouvons apercevoir, et qui ne pourraient avoir pour principe que l'excès de la violence, forçaient votre main de souscrire une acceptation que votre cœur rejette, que l'intérêt de vos peuples repousse et que votre devoir de Roi vous interdit expressément, nous devons vous annoncer, et même nous jurons à vos pieds que nous protesterions à la face de toute la terre, et de la manière la plus solennelle, contre cet acte illusoire et tout ce qui pourrait en dépendre.

» Nous protesterions pour vous et en votre nom, et nous exprimerions vos vrais sentimens, tels qu'ils sont constatés dans les actions de votre vie entière; car votre volonté n'existe que dans les actes où elle respire librement.

» Nous protesterions pour vos peuples, qui ne peuvent, en ce moment, apercevoir combien ce fantôme de constitution nouvelle leur deviendrait funeste.

» Nous protesterions pour la religion de nos pères, qui est attaquée dans ses dogmes, dans son culte et dans ses ministres.

» Nous protesterions pour les maximes fondamentales de la monarchie, dont il ne vous est pas permis, Sire, de vous départir. Et comment pourriez-vous donner une approbation sincère et valide à la prétendue constitution qui a produit tant de maux ?

» Dépositaire usufruitier du trône que vous avez hérité de vos aïeux, vous ne pouvez ni en aliéner les droits primordiaux, ni détruire la base constitutive sur laquelle il est assis.

» Défenseur né de la religion de vos Etats, vous ne pouvez pas consentir à ce qui tend à sa ruine, ni abandonner ses ministres à l'opprobre.

» Débiteur de la justice à vos sujets, vous ne pouvez pas renoncer à la fonction essentiellement royale de la leur faire rendre par des tribunaux légalement constitués, et d'en surveiller vous-même l'administration.

» Protecteur des droits de tous les ordres et des possessions de tous les particuliers, vous ne pouvez pas les laisser violer et anéantir par la plus arbitraire des oppressions.

» Enfin, père de vos peuples, vous ne pouvez

pas les livrer au désordre et à l'anarchie. Si le crime qui vous obsède, et la violence qui vous lie les mains, ne vous permettent pas de remplir ces devoirs sacrés, ils n'en sont pas moins gravés dans votre cœur en traits ineffaçables, et nous accomplirions votre volonté réelle, en suppléant, autant qu'il est en nous, à l'impossibilité où vous seriez de l'exercer.

» Dussiez-vous même nous le défendre, et fussiez-vous forcé de vous dire libre en nous le défendant, ces défenses, évidemment contraires à vos sentimens, ne pourraient certainement pas nous faire trahir notre devoir, sacrifier vos intérêts, et manquer à ce que la France aurait droit d'exiger de nous en pareilles circonstances. Nous obéirions, Sire, à vos véritables commandemens, en résistant à des défenses extorquées, et nous serions sûrs de votre approbation, en suivant les lois de l'honneur. »

L'amour que Louis XVI portait aux Français le détermina à revêtir de la sanction royale la constitution qu'on lui présentait. Mais lorsqu'il jurait, dans toute la sincérité de son âme, d'employer tout son pouvoir à la maintenir, ses perfides ennemis étaient bien décidés au contraire à la violer en tout point : ils travaillaient avec un acharnement incroyable à anéantir l'autorité royale. Un de leurs plus grands moyens d'attaque contre le Roi était le rassemblement des émigrés hors de France. J'ai rapporté, dans la *Vie publique et privée de Louis XVI*, les lettres et proclamations de cet infortuné monarque pour les rappeler dans leur patrie. Eussent-ils sauvé le Roi en répondant à son appel ? C'est un point de discussion que l'histoire impartiale éclaircira un jour. On vient de voir que les princes ses frères lui avaient déclaré d'avance qu'ils ne reconnaîtraient point la libre expression de ses sentimens dans aucun acte émané de lui au milieu de cet état de choses. (1).

---

(1) Les factieux, que le retour de cette masse imposante des émigrés eut essentiellement contrariés, ne négligèrent aucun de leurs moyens vexatoires pour détourner ceux qui auraient eu cette intention. La preuve en est dans les outrages que l'on prodigua au prince de Conti. Voici en quels termes un misérable journaliste (Camille Desmoulins), rendit compte de son retour :

« Le nommé Conti, ci-devant prince du sang, au-

Louis XVI se vit donc forcé de déclarer la guerre aux princes qui armaient contre la France;

---

jourd'hui soldat citoyen, et fusilier du district des Jacobins, est arrivé ces jours derniers. Il est d'abord descendu au district, et a présenté son hommage à M. le président, qui lui a fait lever la main, et prononcer un acte, sinon de contrition, du moins d'attrition; après quoi il a salué ses nouveaux pairs et compagnons, et il a donné sur-le-champ, aux pauvres du district, deux billets de caisse de mille livres chacun, ce qui lui a valu une place de notable-adjoint..... Il faut espérer que ses voyages l'auront amendé, et que la bonne compagnie qu'il va commencer à connaître dans son district, achevera d'en faire un honnête homme. Il ne pouvait prendre, pour arriver, un jour plus favorable que le Jeudi-Saint, jour de l'absoute, où il a présumé que la cérémonie du lavement des pieds empêcherait M. le président de son district de songer à lui laver la tête. Il a donc reçu l'absolution pascale ; mais je voudrais au moins qu'on lui eût imposé une forte pénitence. S'il avait été du district des Cordeliers, le président Danton lui eût fait demander pardon à genoux d'avoir signé le *Mémoire des Princes*, et surtout d'avoir envoyé aux galères, pour fait de chasse, une centaine de citoyens, sans compter ceux qu'il a retenus en chartre privée. On dit que la joie de revoir l'Ile-Adam n'est pas sans mélange; qu'il s'enferme dans son salon, et que là il pleure et redemande à l'assemblée nationale ses perdrix et ses lièvres, comme Auguste redemandait à Varus ses légions. »

et telle était sa cruelle position, qu'il allait voir les Français se battre contre ses frères et les émigrés qui combattaient pour lui. Il était de l'intérêt des républicains de ridiculiser, dans le temps, cette poignée de braves réunis sous les étendards de Condé. Mais il n'est pas moins vrai que les émigrés se sont battus avec une vaillance qui n'est pas équivoque. Je ne citerai que quelques faits. Lorsqu'en 1792, Dumouriez, après avoir conquis la Belgique, tenta l'invasion de la Hollande, il fut arrêté devant Maestricht. A son approche, deux mille émigrés, sous les ordres du marquis d'Autichamp, s'étant jetés dans la place, ils la sauvèrent par leur intrépidité.

En octobre 1793, lorsque les lignes de Weissembourg furent forcées, la *légion de Mirabeau* formait la tête de l'attaque.

A Bertsheim, en Alsace, le 2 décembre 1793, le corps de Condé, fort de trois à quatre mille hommes, repoussa l'armée républicaine, bien supérieure en nombre. Le prince de Condé combattait avec avantage à la tête de l'infanterie noble, tandis que le duc de Bourbon, suivi de la cavalerie, se précipitait au milieu des escadrons républicains : entraîné par son courage, il les poursuit, franchit un ravin, et, pendant un moment, se trouve seul parmi ses ennemis. Entouré, assailli, il reçoit un coup de sabre au poignet : sa valeur s'en irrite, il combat et se défend en héros. Les Français, étonnés, admiraient à la fois la belle stature, l'air martial, et le courage héroïque du prince. Dans la même journée, le duc d'Enghien chargeait avec un corps d'élite, appelé *les Chevaliers de la Couronne*.

Les champs de Stteindadt ont vu déployer la valeur peu commune de monseigneur le duc de Berri, qui, sous les yeux du prince de Condé, faisait ses premières armes, comme autrefois Henri IV avait fait les siennes sous la conduite de son oncle Louis de Condé.

Dans la campagne de 1794, le gouverneur de Menin capitule, et rend prisonnière de guerre une garnison composée d'Hanovriens et de Hollandais : une partie de la brave légion de la Châtre, dite *Royal-Emigrant*, qui se trouvait dans la place, sort la nuit qui précède l'évacuation, surprend l'armée assiégeante, lui fait nombre de prisonniers, détruit tout ce qui s'oppose à son passage, et échappe ainsi par son audace au massacre qui l'attendait.

Toute l'Allemagne a retenti du mémorable combat de Kamlach, près de Mindelsheim, qui eut lieu le 13 août 1796. Quinze à dix huit cents chasseurs nobles s'étaient engagés pendant la nuit, dans un bois rempli de bataillons français. Enveloppés de toutes parts, et voyant l'immense supériorité des républicains, ils résolurent de périr plutôt que de se rendre. L'affaire fut terrible; plus de huit cents gentilshommes, dont cent vingt chevaliers de Saint-Louis, furent tués ou blessés; trois maréchaux de camp, qui faisaient les fonctions de capitaines, y perdirent la vie.

A Biberack, le 2 octobre 1796, lors de la belle retraite de Moreau, c'en était fait de l'armée autrichienne, sans la résistance héroïque de l'armée de Condé, qui la sauva. Le général Moreau, dans son rapport, se plut à lui rendre ce témoignage éclatant de sa bravoure. Le général Férino, qui, ayant souvent combattu contre l'armée de Condé, a pu par conséquent l'apprécier, en a toujours fait le plus grand éloge.

L'héroïsme et le désastre de Quiberon sont assez célèbres. Les émigrés qui se sont ainsi exposés à une mort certaine pour arracher leur patrie aux horreurs de l'anarchie de 93, ont des droits sacrés à notre admiration, à notre estime et à nos regrets.

Mais d'ailleurs, qu'est-il besoin d'accumuler des faits particuliers pour prouver la valeur des fidèles sujets du Roi ! Ces hommes étaient Français ! ils ne pouvaient manquer d'être braves. L'équité exige même d'observer que, dans ces combats entre l'armée de Condé et les soldats de la république, les émigrés, qu'un décret de la convention condamnait à mort partout où l'on pourrait les saisir, marchant contre des adversaires couverts par les lois de la guerre, de l'honneur et de l'humanité, si l'on établit jamais une différence dans l'estimation de la valeur des combattans des deux partis, elle ne peut qu'être à l'avantage de ceux qui, dans la même lutte, couraient mille fois plus de danger.

Je ne retracerai point ici les progrès de la

faction républicaine en France, depuis l'acceptation de la Constitution par le Roi. L'horrible catastrophe du 10 août 1792, les souffrances de la Famille Royale dans la tour du Temple, et l'affreux régicide, sont des faits qui appartiennent à l'histoire de Louis XVI, de ce monarque dont les éminentes vertus et la parfaite bonté contrastaient si fortement avec les vices et la corruption des hommes de son siècle. On sent quelle douleur amère ces terribles et funestes événemens portèrent dans l'âme du prince qui lui était attaché par la plus tendre amitié, non moins que par les liens du sang.

Bientôt la France présenta le tableau épouvantable d'un royaume livré à la plus affreuse anarchie. « Les proconsuls portant partout le trouble, la haine et l'effroi ; le culte profané, la licence des mœurs autorisée ; le meurtre organisé dans toutes nos villes ; les cruautés les plus atroces commises dans la capitale où les biens, le rang, la vie privée ou publique, tout était imputé à crime, et où le plus irrémissible était la vertu. Les mers couvertes d'exilés, les délateurs, non moins odieux par leurs fortunes que par leurs forfaits, faisant trophée des dépouilles de leurs victimes; les maîtres trahis par leurs serviteurs; et pour comble enfin, ceux qui manquaient d'ennemis, opprimés par leurs amis mêmes. » Ce récit effrayant, tracé par Tacite, de Rome bouleversée par les révolutions, est l'image la plus parfaite de la situation de la France pendant le régime de la terreur. Cette époque si fertile en crimes, ne fut pourtant pas sans vertus; et la France eut encore cette ressemblance avec l'ancienne Rome, qu'on vit des hommes fermes au milieu de toutes les adversités, porter et quitter la vie avec courage ; des mères accompagner leurs enfans dans leur fuite ; des femmes suivre leurs maris dans les prisons, sur l'échafaud; des pères, des fils se dévouer généreusement les uns pour les autres; des amis intrépides braver la mort pour sauver leurs amis ; et des serviteurs se faire gloire de périr avec leurs maîtres, ou tendre leurs bras pour être enchaînés avec eux et transportés au-delà des mers, sur les plages homicides de Cayenne ou de Sinamary.

SECONDE PARTIE.

Mort du fils de Louis XVI.—Manifeste de Louis XVIII. —Délivrance de Madame. — Arrivée de M. Edgeworth auprès du Roi. — Louis XVIII se retire à Mittau.—Mariage de Madame avec M. le duc d'Angoulême. — Les Bourbons quittent les Etats de la Russie. — Réponse du Roi au sénat de Venise. — Bonaparte propose à Louis XVIII de lui céder ses droits au trône de France. — Réponse du Roi. — Note des princes Français à ce sujet. — Lettre du duc d'Enghien.—Protestation de Louis XVIII contre l'usurpation de sa couronne.—Sa lettre au roi d'Espagne. — Diverses tentatives d'assassinat sur la personne de Louis XVIII. — Les Bourbons quittent le continent.—Détails sur la vie de Louis XVIII au château d'Hartwell.—Mort de la Reine son épouse. —Coup d'œil sur le haut degré de gloire militaire de la France — Désastre de Moscou. — Lettre de Louis XVIII a l'empereur de Russie. — Bataille de Leipsick. — Envahissement de la France par les puissances étrangères. — Marie-Louise a Blois.— Bordeaux ouvre ses portes aux Bourbons. — Entrée des alliés à Paris. — Magnanimité de l'empereur de Russie. — Le sénat déclare Bonaparte déchu du trône. — Proclamation de Louis XVIII, et expression touchante de ses sentimens. — Arrivée de Monsieur, lieutenant-général du royaume.

Au milieu des commotions politiques qui bouleversaient toute la France, le fils de Louis XVI expira dans la tour du Temple, le 8 juin 1795, accablé des traitemens inouis de ses barbares gardiens. Ce n'est pas sans verser des larmes que j'ai retracé les malheurs de cet illustre rejeton de tant de Rois, devenu notre Roi lui-même au sein de sa dure captivité. Monsieur, qui avait été reconnu régent du royaume par toutes les puissances, vit ainsi passer sur sa tête la couronne de France. En prenant le titre de Louis XVIII, ce prince fit paraître ce manifeste, premier acte de son autorité royale.

« Louis, par la grâce de Dieu, Roi de France et de Navarre, à tous nos sujets, salut :

» En vous privant d'un Roi qui n'a régné que dans les fers, mais dont l'enfance promettait le digne successeur du meilleur des Rois, les impénétrables décrets de la Providence nous ont transmis avec la couronne la nécessité de l'arracher des mains de la révolte, et le devoir de sauver la patrie, qu'une révolution désastreuse a placée sur le penchant de sa ruine.

» Cette funeste conformité entre les commencemens de notre règne et du règne de Henri IV, nous est un nouvel engagement de le prendre pour modèle, et, en imitant d'abord sa noble franchise, notre âme tout entière va se dévoiler à vos yeux. Assez et trop long-temps nous avons gémi des fatales conjonctures qui tenaient notre voix captive : écoutez-la lorsqu'enfin elle peut se faire entendre. Notre amour pour vous est le seul sentiment qui nous inspire. La clémence est pour notre cœur un besoin que nous nous hâtons de satisfaire; et puisque le ciel nous a réservé, à l'exemple du grand Henri, pour rétablir dans notre empire le règne de l'ordre et des lois, comme lui nous remplirons cette sublime destinée, à l'aide de nos fidèles sujets, et en alliant la bonté, la justice.

» Une terrible expérience ne nous a que trop éclairé sur vos malheurs et sur leurs causes. Des hommes impies et factieux, après vous avoir séduits par de mensongères déclamations et par des promesses trompeuses, vous entraînèrent dans l'irréligion et la révolte. Depuis ce moment, un déluge de calamités a fondu sur vous de toutes parts. Vous fûtes infidèles au Dieu de vos pères, et ce Dieu, justement irrité, vous a fait sentir tout le poids de sa colère; vous fûtes rebelles à l'autorité qu'il avait établie pour gouverner, et un despotisme sanglant, une anarchie non moins cruelle, se succédant tour-à-tour, vous ont sans cesse déchirés avec une fureur toujours renaissante.

» Considérez un instant l'origine et les progrès des maux qui nous accablent.

» Vous vous livrâtes d'abord à d'infidèles mandataires, qui, trahissant votre confiance et foulant aux pieds leurs sermens, préparèrent leur rébellion contre leur Roi par la trahison et leur parjure envers vous; et ils vous rendirent les instrumens de leurs passions et de votre perte.

» Après cela, vous vous laissâtes asservir par des tyrans ombrageux et farouches qui se disputèrent, en s'entr'égorgeant, le droit d'opprimer la France, et ils vous imposèrent un joug d'airain.

» Vous avez souffert ensuite que leur sceptre

ensanglanté passât dans les mains d'une faction rivale qui, pour s'emparer de leur puissance et recueillir le fruit de leurs crimes, se couvrit du masque de la modération, qu'elle soulève quelquefois, mais qu'elle n'ose pas déposer encore ; et pour des despotes sanguinaires que vous abhorriez, vous avez eu des despotes hypocrites que vous méprisez. Ils cachent leurs faiblesses sous une feinte douceur ; mais la même ambition les dévore. Le règne de la terreur a suspendu ses ravages, mais les désordres de l'anarchie les ont remplacés. Moins de sang inonde la France, mais plus de misère la consume. Votre esclavage enfin n'a fait que changer de forme, et vos désastres, que s'aggraver.

» Vous avez prêté l'oreille aux calomnies répandues contre cette race antique qui depuis si long-temps régnait sur vos cœurs autant que sur la France, et votre aveugle crédulité a appesanti vos chaînes et prolongé vos infortunes ; en un mot, on a ébranlé, abattu les autels de votre Dieu, le trône de votre Roi, et vous avez été malheureux.

» Ainsi l'impiété et la révolte ont causé vos

tourmens : pour en terminer le cours, il faut en tarir la source.

» Il faut renoncer à la domination de ces usurpateurs fourbes et cruels qui vous promettaient le bonheur, mais qui ne vous ont donné que la famine et la mort. Nous voulons vous délivrer de leur tyrannie : elle vous a fait assez de mal pour vous inspirer la résolution de vous y soustraire.

» Il faut revenir à cette religion sainte qui avait attiré sur la France les bénédictions du ciel. Nous voulons relever ses autels. En recommandant la justice aux souverains, et aux peuples la fidélité, elle maintient le bon ordre et assure le triomphe des lois : elle produit la félicité des empires.

» Il faut rétablir ce gouvernement qui fut pendant quatorze siècles la gloire de la France et les délices des Français; qui avait fait de notre patrie le plus florissant des Etats, et de vous-mêmes le plus heureux des peuples : nous voulons vous le rendre. Tant de révolutions qui vous déchirent depuis qu'il est renversé, ne vous ont-elles pas convaincus qu'il est le seul qui vous convienne !

» Et ne croyez pas ces hommes avides et ambitieux, qui, pour envahir à la fois vos coutumes et la toute-puissance, vous ont dit que la France n'avait point de constitution, ou que sa constitution vous livrait au despotisme : elle existe aussi ancienne que la monarchie de France ; elle est le fruit du génie, le chef-d'œuvre de la sagesse et le résultat de l'expérience.

» En composant des ordres distincts le corps du peuple français, elle a gradué sur une exacte mesure l'échelle de la subordination sans laquelle l'état social ne peut se maintenir ; mais elle n'attribue à aucun des ordres aucun droit politique qui ne soit commun à tous ; elle laisse l'entrée de tous les emplois ouverte aux Français de toutes les classes ; elle accorde également la protection publique à toutes les personnes et à tous les biens. C'est ainsi qu'elle fait disparaître aux yeux des lois et dans le temple de la justice toutes les inégalités que l'ordre civil introduit nécessairement dans le rang et dans la fortune des habitans du même empire.

» Voilà de grands avantages : en voici de plus précieux encore : elle soumet les lois à des formes qu'elle a consacrées, et le souverain lui-même à l'observation de ces lois, afin de prévenir la sagesse du législateur contre les piéges de la séduction, et de défendre la liberté de ses sujets contre l'abus de l'autorité. Elle prescrit des conditions à l'établissement des impôts, afin d'assurer le peuple que les tributs qu'il paie sont nécessaires au salut de l'Etat. Elle confie aux premiers corps de magistrature le dépôt des lois, afin qu'ils veillent à leur exécution, et qu'ils éclairent la religion du monarque, si elle était trompée. Elle met les lois fondamentales sous la sauve-garde du Roi et des trois ordres, afin de prévenir les révolutions, la plus grande des calamités qui puissent affliger le peuple. Elle a multiplié les précautions pour faire jouir des avantages du gouvernement monarchique, et vous garantir de ses dangers. Vos malheurs mêmes, autant que la vénérable antiquité, ne rendent-ils pas témoignage de sa sagesse ? Vos pères éprouvèrent-ils jamais les fléaux qui vous ravagent depuis que des novateurs ignorans et pervers l'ont détruite ? Elle était l'appui commun de la cabane du pauvre et des palais des riches, de la liberté individuelle et de la sûreté publique, des droits du trône et de la prospérité de l'Etat. Aussitôt qu'elle a été renversée, propriété, sûreté, liberté, tout a disparu avec elle. Vos biens sont devenus la pâture des brigands à l'instant où le trône est devenu la proie des usurpateurs; la servitude et la tyrannie vous ont opprimés dès que l'autorité royale a cessé de vous couvrir de son égide.

» Cette antique et sage constitution dont la chute a entraîné votre perte, nous voulons lui rendre toute sa pureté, que le temps avait corrompue, toute sa vigueur, que le temps avait affaiblie. Mais elle nous a mis elle-même dans l'heureuse impuissance de la changer; elle est pour nous l'arche sainte : il nous est défendu de lui porter une main téméraire. Votre bonheur et notre gloire, le vœu des Français et les lumières que nous avions puisées à l'école de l'infortune, tout nous fait mieux sentir la nécessité de la rétablir intacte. C'est parce que la France nous est chère que nous voulons la remettre sous la protection bienfaisante d'un gouvernement éprouvé par une longue suite de siècles. C'est parce que c'est de notre devoir d'étouffer cet esprit de système, cette manie de nouveautés qui vous a perdus, que nous voulons renouveler, raffermir des lois salutaires, qui seules sont capables de rallier les esprits, de fixer toutes les opinions, et d'opposer une digue insurmontable à la fureur révolutionnaire, que tout projet de changement dans la constitution de notre royaume déchaînerait encore.

» Mais tandis que la main du temps imprime le sceau de la sagesse aux institutions humaines, les passions s'étudient à les dégrader, et mettent leur ouvrage ou à côté des lois pour les affaiblir, ou à la place des lois pour les rendre vaines. Toujours les abus marchent à la suite de la gloire et de la prospérité; toujours une prospérité constante, une gloire soutenue, leur facilite l'entrée des empires, en les dérobant à l'attention de ceux qui gouvernent. Il s'en était donc introduit dans le gouvernement de la France, et long-temps ils ont pesé non-seulement sur la classe du peuple, mais sur tous les ordres de l'état. Le feu Roi notre frère et souverain seigneur et maître les avait aperçus; il voulut les réduire : il mourut en chargeant son successeur d'exécuter les projets qu'il avait conçus dans sa sagesse, pour le bonheur de ce peuple égaré qui le laissait périr. Et quittant le trône d'où l'arrachèrent le crime et l'impiété, pour monter sur celui que le ciel réservait à ses vertus, il nous traça nos devoirs dans ce testament immortel, source inépuisable d'admiration et de regrets. Ce Roi martyr, soumis à Dieu qui l'avait fait Roi, sut, à son exemple, mourir sans murmurer, faire de l'instrument de son supplice le trophée de sa gloire, et s'occuper du bonheur de ses sujets ingrats, lors même qu'ils comblaient la mesure de ses infortunes.

» Ce que Louis XVI n'a pu faire, nous l'accomplissons; mais si des plans de reforme peuvent se méditer au milieu des troubles, ils ne peuvent s'exécuter qu'au sein de la tranquillité.

» Replacer sur ces bases antiques la constitution du royaume, lui donner la première impulsion, mettre en mouvement toutes ses parties, corriger les vices qui s'étaient glissés dans l'administration publique, c'est l'œuvre de la paix. Il faut que le culte de la religion soit rétabli, que l'hydre de l'anarchie soit étouffée, que l'autorité royale ait recouvré la plénitude de ses droits : c'est alors que nous opposerons à cet abus une fermeté insurmontable, et que nous saurons également les chercher et les proscrire.

» Les implacables tyrans qui vous tiennent asservis retardent seuls cet heureux instant. Ils ne se dissimulent pas que le temps des illusions est fini, et que vous sentez tout le poids de leur impéritie, de leurs crimes et de leur brigandage. Mais aux frauduleuses promesses, dont vous n'êtes plus les dupes, ils font succéder la crainte des supplices qu'eux seuls ont mérités. Après nous avoir tout ravi, ils nous peignent à vos yeux comme un vengeur irrité, qui vient encore vous arracher la vie, l'unique bien qui vous reste. Epouvantés par les reproches de leur conscience, ils voudraient nous associer à leur sort, pour nous armer de leur désespoir ; ils voudraient, en vous inspirant de fausses alarmes, se rassurer eux-mêmes contre les frayeurs qui les obsèdent. Connaissez le cœur de votre Roi, et reposez-vous sur lui du soin de vous sauver.

» Non-seulement nous ne verrons point des crimes dans de simples erreurs, mais les crimes mêmes que de simples erreurs auraient causés obtiendront grâce à nos yeux. Tous les Français qui, abjurant des opinions funestes, viendront se jeter au pied du trône, y seront reçus. Tous les Français qui n'ont été coupables que pour avoir été entraînés, loin de trouver en nous un juge inflexible, n'y trouveront qu'un père compatissant. Ceux qui sont restés fidèles au milieu de la révolte ; ceux qu'un dévouement héroïque a rendus les compagnons de notre exil et de nos peines ; ceux qui déjà ont secoué le bandeau des illusions et le joug de la révolte ; ceux qui, dominés encore par un criminel entêtement, se hâteront de revenir à la raison et au devoir, tous seront nos enfans. Si les uns en ont conservé les titres et les droits par une vertu constante, les autres les ont recouvrés par un salutaire repentir, tous participeront à notre amour. Nous sommes Français : ce titre, les crimes de quelques scélérats ne sauraient l'avilir, comme les forfaits d'aucune faction ne peuvent flétrir le sang d'Henri IV ; ce titre qui nous fut toujours cher, nous rend chers tous ceux qui le portent. Nous plaignons les hommes faibles ou séduits qui marchent encore dans la voie de l'égarement ; nous arrosons de nos larmes les cendres des malheureuses victimes de leur fidélité ; nous gémissons sur le sort de ceux qui ont péri pour le soutien de la rébellion et du schisme, et qu'il nous eût été bien doux de ramener au sein de l'Eglise et de la monarchie. Nous ne souffrons que de vos maux, et la seule félicité que nous puissions désormais nous promettre, c'est de les guérir.

» Sans doute, ils sont affreux les excès auxquels le peuple s'est livré ; mais nous n'oublions pas que la séduction et la violence ont eu sur lui plus d'empire que la volonté et l'opinion.

Nous savons que, même en favorisant les attentats de la révolution, son cœur, resté fidèle en secret, désavouait sa conduite dirigée par la terreur. Ce peuple trompé et subjugué tour-à-tour, mais toujours plus à plaindre que coupable; ce peuple assez et trop puni par six ans d'esclavage et d'oppression, par cette multitude de fléaux dont il est frappé lui-même; ce peuple qui fut toujours l'objet chéri de l'affection des Rois nos prédécesseurs, nous dédommagera de nos longs tourmens par les bienfaits que nous répandrons sur lui.

» Qui eût osé le croire, que jamais la perfidie et la rébellion pourraient atteindre cette armée, jadis l'appui du trône et dévouée de tout temps à l'honneur et au Roi? Ses succès ont prouvé que le sentiment du courage est ineffaçable dans le cœur des Français. Mais que de larmes ils doivent vous coûter ces succès si funestes! Ils ont été le principe de l'oppression générale; ils ont été l'appui, ils ont fomenté l'audace de vos exécrables tyrans : c'est l'instrument dont la Providence s'est servie pour le châtiment de la France. Quel soldat rentrant dans ses foyers n'y trouvera pas des traces encore sanglantes des malheurs causés par ses victoires ?

» Mais enfin l'armée française ne peut pas être long-temps l'ennemie de son Roi. Puisqu'elle a conservé son antique bravoure, elle reprendra ses premières vertus ; puisque l'honneur n'est pas éteint dans son âme, elle en reconnaîtra et elle en suivra la voix. Bientôt, nous n'en doutons pas, le cri *vive le Roi !* remplacera parmi elle les clameurs de la sédition ; bientôt elle reviendra, soumise et fidèle, raffermir notre trône, expier jusqu'à sa gloire, et lire dans nos regards l'oubli de ses erreurs et le pardon de ses fautes.

» Nous pourrions, nous devrions peut-être laisser à la justice un libre cours contre les criminels auteurs des égaremens du peuple, contre les chefs et les instigateurs de la révolte. Et comment pallier les maux irréparables qu'ils ont faits à la France ! Mais ceux que la justice divine n'a pas encore frappés, nous les livrons à leur conscience : elle fera leur supplice. Puissent-ils, vaincus par cet excès d'indulgence, et rentrant sincèrement dans la soumission et le devoir, nous justifier nous-mêmes de la grâce inattendue que nous leur avons accordée.

» Il est cependant des forfaits (que ne peuvent-ils s'effacer de notre souvenir et de la mémoire des hommes), il est des forfaits dont l'atrocité passe les bornes de la clémence.

» Dans cette séance à jamais horrible, où des scélérats eurent l'audace de juger leur Roi, tous les députés qui participèrent au jugement furent complices. Nous aimons néanmoins à croire que ceux dont le suffrage voulut détourner ce parricide de sa tête sacrée, ne se mêlèrent parmi ses assassins que dans le désir de le sauver, et ce motif pourra solliciter leur pardon. Mais les scélérats dont la bouche sacrilége osa prononcer le vœu de la mort; mais tous ceux qui ont été les coopérateurs, les instrumens directs et immédiats de son supplice; mais les membres de ce tribunal de sang, qui, après avoir donné dans la capitale l'exemple et le signal des massacres judiciaires, mit le comble à ses atrocités, en envoyant à l'échafaud une reine plus grande encore dans sa position que sur le trône, une princesse que le ciel avait formée pour être le modèle accompli de toutes les vertus ; tous ces monstres, que la postérité ne nommera qu'avec horreur, la France entière appelle sur leur tête le glaive de la justice.

» Le sentiment qui nous fait restreindre la vengeance des lois dans des bornes si étroites, vous est un gage assuré que nous ne souffrirons pas des vengeances particulières ; non, loin de vous la pensée qu'aucune vengeance particulière vous menace.

» Les Princes fidèles de notre maison partagent nos principes, nos affections et nos vues. Ils vous chérissent comme nous, vous aiment comme nous ; ils ne forment des vœux que pour la fin de vos tourmens. Le seul but de leurs travaux comme des nôtres, c'est votre délivrance ; et si dans ces jours de deuil et de crimes, la Providence nous réservait un sort funeste, vous verriez le sceptre passer jusqu'au dernier de nous, sans vous apercevoir que l'autorité royale eût changé de dépositaire.

» Les Français qui sont restés parmi leurs

compatriotes pour leur donner l'exemple d'une fidélité à toute épreuve, ne sauront que plaindre ceux qui n'auront pas su les imiter ; et la vertu inaltérable qu'ils ont opposée aux torrens de la corruption, ne sera pas flétrie par des animosités coupables.

» Les ministres d'un Dieu de paix, qui ne se sont dérobés aux violences de la persécution que pour nous conserver la foi, remplis du zèle qui éclaire, de la charité qui pardonne, enseigneront par leurs exemples, autant que par leurs discours, l'oubli des injures et le pardon de ses ennemis. Pourriez-vous craindre qu'ils ternissent l'éclat immortel que leur conduite généreuse et le sang de tant de martyrs a répandu sur l'Eglise gallicane ? Nos cours de magistrature, qui se sont toujours distinguées par leur intégrité dans l'administration de la justice, donneront l'exemple de soumission aux lois, dont elles sont les ministres ; inaccessibles aux passions, que leur devoir est de réprimer, elles assureront, par une fermeté impartiale, l'effet des sentimens que la clémence nous inspire.

»Cette noblesse, qui n'a quitté sa patrie que pour la mieux défendre, qui n'a tiré l'épée que dans la ferme persuasion qu'elle s'armait pour la France et non contre elle, qui vous tend une main secourable, alors même qu'elle est obligée de vous combattre, qui, aux fureurs de la calomnie, oppose sa constance dans l'adversité, son intrépidité dans les combats, son humanité dans la victoire, son dévouement à l'honneur.

»Cette noblesse, qu'on s'efforce de mettre en butte à votre haine, n'oubliera pas que le peuple doit trouver en elle sa lumière, son secours, son appui. Elle mettra sa gloire dans la magnanimité; elle illustrera tant de sacrifices qu'elle a faits par le sacrifice de tous ses ressentimens; et cette classe d'émigrés, qui sont ses inférieurs par la naissance, mais ses égaux par la vertu; ces bons Français, dont la fidélité est d'autant plus recommandable à nos yeux, qu'ils avaient plus de séduction à vaincre, témoins non suspects de ses sentimens généreux, en seraient, s'il était nécessaire, les garans auprès de vous.

» Qui oserait se venger, quand votre Roi pardonne ?

» Mais la clémence, qui signalera les premiers jours de notre règne, sera inséparable de la fermeté. Notre amour pour nos sujets nous engage à être indulgent : le même motif nous apprend à être juste. Nous pardonnerons sans regret à ces hommes si coupables qui ont égaré le peuple ; nous traiterons avec une rigueur irrévocable ceux qui désormais tenteraient de le séduire. Nous tendrons les bras aux rebelles que le repentir et la confiance ramèneront à nous : s'il en est qui s'obstinent dans la révolte, ils apprendront que notre clémence s'arrête au terme marqué par la justice, et que la force saura réduire ceux que la bonté n'aura pu gagner.

» Le trône, que deux fois la révolution a privé du souverain qui l'occupait, n'est pas pour nous un objet d'ambition et de jouissance. Hélas ! fumant encore du sang de notre frère, et tout entouré de ruines, il ne nous promet que des souvenirs douloureux, des travaux et des peines.

» Mais la Providence nous ordonne d'y monter, et nous saurons lui obéir; nos droits nous y appellent, et nous saurons les défendre. Nous pourrons y travailler au bonheur de la France, et ce motif enflamme notre courage. Si nous sommes réduit à le reconquérir, plein de confiance dans la justice de notre cause et dans le zèle des bons Français, nous marcherons à la conquête avec un zèle infatigable et d'un pas intrépide : nous y marcherons, s'il le faut, à travers les cohortes des rebelles et les poignards des assassins. Le Dieu de saint Louis, ce Dieu que nous prenons à témoin de la pureté de nos vues, sera notre guide et votre appui.

» Mais non, nous ne serons pas contraint d'employer des armes contre des sujets égarés; non, nous ne devrons qu'à eux-mêmes, à leurs regrets, à leur amour, le rétablissement de notre trône; et la miséricorde céleste, fléchie par leurs larmes, fera refleurir la religion dans l'empire des Rois très-chrétiens.

» Ce doux espoir luit au fond de notre cœur. L'infortune a déchiré le voile qui couvrait nos yeux ; les dures leçons de l'expérience nous ont instruit à regretter les biens que nous avons perdus. Déjà les sentimens religieux qui se manifestent avec éclat dans toutes les provinces du royaume, retracent aux yeux édifiés l'image des beaux siècles de l'Eglise. Déjà ce beau mouvement de vos cœurs toujours français, qui vous ramènent à votre Roi, annonce que vous sentez le besoin d'être gouvernés par un père.

» Mais ce n'est pas assez de former de stériles vœux ; il faut encore prendre une résolution ferme. Ce n'est pas assez de gémir sous le joug de vos oppresseurs ; il faut nous aider à le rompre, montrer à l'univers comment les Français, rendus à eux-mêmes, savent effacer des fautes dont leurs cœurs n'étaient pas complices. Prouvez que si le Grand-Henri nous a transmis avec son sang son amour pour son peuple, vous êtes aussi les descendans de ce peuple dont une partie toujours fidèle combattit pour lui rendre sa couronne, et l'autre, abjurant une erreur passagère, baigna ses pieds des larmes du repentir : songez enfin que vous êtes les petits-fils des vainqueurs d'Ivry et de Fontaine-Française.

» Et vous invincibles héros que Dieu a choisis pour être les restaurateurs des autels et du trône, et dont la mission est attestée par une multitude de prodiges; vous dont les mains triomphantes et pures ont entretenu, au sein de la France, le flambeau de la foi et le feu sacré de l'honneur; vous que notre cœur a constamment suivis, auprès de qui nos vœux nous portaient sans cesse, qui fûtes toujours notre consolation et notre espoir; illustres armées catholiques et royales, dignes modèles de tous les Français, recevez le témoignage de la satisfaction de votre Roi. Jamais il n'oubliera vos services, votre courage, l'intégrité de vos principes et votre inébranlable fidélité. »

Hélas! les vœux émis dans ce manifeste ne devaient être réalisés qu'après une longue suite d'années, pendant lesquelles la France était destinée à obtenir les succès les plus étonnans, et à éprouver les revers les plus désastreux.

Si les hommes qui gouvernaient notre malheureuse patrie prenaient grand soin de cacher à la nation la bravoure de cette foule d'émigrés réunis autour de Louis XVIII, à plus forte raison empêchaient-ils que le peuple eût la moindre connaissance de la conduite noble et généreuse que tint ce bon Roi au milieu des braves armés pour la défense de son trône. Les deux traits suivans prouvent la grandeur de son caractère et sa magnanimité. Le 4 mai 1796, Sa Majesté commença la revue des divers cantonnemens de l'armée qui se porta sur les bords du Rhin : elle visitait les postes avancés. Beaucoup de soldats républicains accoururent aussitôt, sans armes, mais ayant derrière eux un piquet armé et rangé en bataille. « Est-il vrai, disaient-ils, que le Roi est arrivé ? — Oui, il est là. — Nous voudrions bien le voir ; mais nous ne pouvons pas le distinguer. » Le Roi, auquel on rapporta ces paroles, fit aussitôt mettre pied à terre aux officiers qui l'accompagnaient, et resta seul à cheval, également à portée de recevoir des hommages et des coups de fusil.

Quelques jours plus tard, Sa Majesté visitait de nouveau les avant-postes, lorsqu'au détour d'un chemin elle se trouva en présence d'un grand nombre de soldats de l'armée républicaine, accourus pour le voir. Le duc d'Enghien supplia le Roi de se rappeler que les réglemens de discipline défendaient de parler aux troupes. « Le mouvement de mon cœur est plus fort que vos réglemens; il faut que je leur parle. » Puis s'adressant aux soldats : « Vous êtes curieux de voir le Roi? leur dit-il d'une voix forte : eh bien! c'est moi qui suis votre Roi, ou plutôt votre père. Oui, vous êtes tous mes enfans; je ne suis venu que pour mettre un terme aux malheurs de notre commune patrie : ceux qui vous disent le contraire, vous trompent; vos frères qui m'entourent partagent le bonheur que j'ai d'être avec eux, et de me rapprocher de vous. »

Les soldats écoutaient en silence, avec une contenance embarrassée ; on voyait qu'ils étaient fortement émus, mais que leurs sentimens étaient contraints. Une voix s'éleva, et dit : « Puisque vous êtes bien aises de le voir, criez *vive le Roi!* —Non, non, reprit vivement cet excellent prince, ne dites rien; vous seriez entendus, et vous pourriez vous compromettre. »

Ah! si Louis XVIII avait été bien connu des soldats français, jamais aucun d'eux n'aurait voulu porter les armes contre le meilleur des monarques.

En 1797, les puissances belligérantes, lassées de combattre contre une nation toujours victorieuse, s'empressèrent de signer la paix, par égard pour leurs peuples, quoique le Gouvernement de la république en France ne leur offrît pas une garantie bien certaine du repos auquel elles aspiraient. On vit alors se dissoudre cette armée, recommandée à l'histoire par le nom de Condé. Rien ne peint mieux la détresse où furent réduits cette poignée de braves, et la grandeur d'âme de nos princes, que cette lettre de Mgr le comte d'Artois, adressée, en janvier 1794, d'Hanau, au maréchal de Broglie, qui, pendant notre révolution, s'est immortalisé par son attachement à son souverain :

« Mon cœur est si vivement et si profondément affecté, mon cher maréchal, par l'état affreux où sont réduits mes chers compagnons de fidélité et de malheur, et j'éprouve tant de retards pour obtenir les secours que le Régent (MONSIEUR, comte de Provence, aujourd'hui Louis XVIII) n'a pas cessé de solliciter, que je n'hésite pas à remettre entre vos mains la dernière ressource que je tiens de la générosité de l'Impératrice de Russie. Je n'ai pas besoin de vous recommander l'emploi que vous devez faire des fonds que vous vous procurerez par la vente des médailles et du diamant. Non-seulement je m'en rapporte à votre sagesse, mais vous savez que les plus malheureux et les plus souffrans sont, dans ce moment pénible, les plus chers à mon cœur. Je vous ai déjà parlé, mon cher maréchal, de l'extrême embarras où je me trouvais personnellement; mais je ne me compterai jamais pour rien, lorsqu'il s'agira de satisfaire le besoin le plus pressant de mon cœur. En conséquence, je charge M. Duverne de vous remettre la somme de trois cents louis pour subvenir aux premiers besoins, et vous donner le temps de vendre à meilleur compte les médailles et le diamant. J'ai la certitude que j'honore les dons de l'Impératrice, en les appliquant à un usage aussi sacré; mais je vous déclare, mon cher maréchal, que mon intention formelle est que ce faible secours ne soit compté pour rien, ni pour les fonds qui sont dus à la caisse de Dusseldorf, ni pour les justes demandes que vous aviez formées au moment où nous espérions que l'emprunt de Hollande aurait du succès. Enfin, si je ne parviens pas à obtenir les secours que je sollicite avec plus d'ardeur que jamais, et si je me trouvais alors dénué de tout moyen personnel pour me porter où le service du Roi l'exigerait, je conserverais une ressource précieuse dans le cœur des gentilshommes français, et avec un tel appui, le chemin de l'honneur sera toujours ouvert pour moi. Ne perdez pas un instant, mon cher maréchal, pour employer cette faible ressource; je suis trop récompensé, si elle peut soulager une partie des excellens Français auxquels mon existence est consacrée.

» Mes enfans possédaient une épée, qui était un don de mon malheureux frère; ils vous l'envoient pour être employée au même usage:

ils vous prient, en échange, de leur en donner une des vôtres, pour les conduire plus sûrement au chemin de l'honneur, que vous avez toujours si fidèlement et si glorieusement suivi. »

Dans cette armée de Condé, Monseigneur le comte d'Artois y soutint dignement le rang et les devoirs de Prince français; et lorsqu'après d'infructueux exploits, il fallut renoncer à l'espoir de vaincre ou de mourir, on le vit se dépouiller des ornemens de son grade et de sa naissance, pour en distribuer le prix à ses infortunés compagnons d'armes! Noble et touchante fraternité de gloire et de malheur!

Mais ramenons nos regards sur l'époque où Louis XVIII avait encore à trembler sur le sort de la fille de son auguste frère. Quelle poignante inquiétude pour ce prince de voir une tête aussi chère, aussi précieuse, exposée au milieu des orages qui agitaient la France! Heureusement le ciel veillait sur cette Princesse, pour la rendre un jour à la tendre vénération des Français. Au mois de décembre 1795, elle sortit de la tour fatale, et fut conduite à Vienne. A la nouvelle de cette heureuse délivrance,

Louis XVIII versa des larmes de joie : depuis son départ de France, c'était le premier événement qui venait offrir quelque soulagement à son cœur.

Un autre motif de la plus douce joie pour ce prince, fut d'apprendre l'heureuse conservation de M. l'abbé Edgeworth. Ce digne ecclésiastique, après avoir erré pendant trois années en France pour échapper aux persécuteurs de l'infortuné monarque qu'il avait consolé dans ses derniers momens, parvint à se sauver en Angleterre. Apprenant que Mgr le comte d'Artois, entouré de quelques serviteurs fidèles, résidait à Edinbourg, en Ecosse, il s'empressa d'aller déposer dans son sein les dernières pensées de Louis XVI. Bientôt il repassa les mers pour aller se réunir à Louis XVIII, alors retiré à Blankenbourg. Le Roi, en lui demandant cette preuve de dévouement par une lettre du 19 septembre 1797, lui mandait en même temps que le miracle de sa conservation lui faisait espérer que la Providence n'avait pas abandonné la France. « Je la remercie sincèrement, disait-il, d'avoir daigné conserver en vous un de ses plus fidèles ministres, et le confident des dernières pensées d'un frère dont je pleurerai sans cesse la perte, et dont tous les bons Français béniront à jamais la mémoire; d'un martyr dont vous avez le premier proclamé le triomphe.... Dieu veut sans doute qu'un témoin irréprochable atteste à tous les Français l'amour dont leur Roi fut sans cesse animé pour eux, afin que, connaissant toute l'étendue de leur perte, ils ne se bornent pas à de stériles regrets, mais qu'ils cherchent, en se jetant dans les bras d'un père qui les leur tend, le seul adoucissement que leur juste douleur puisse recevoir....»

M. Edgeworth, arrivé auprès du monarque français, reconnut de nouveau de quel majestueux intérêt s'entoure un prince, lorsqu'il oppose à de grands revers une âme forte et élevée, un esprit vaste, et l'assemblage des vertus de son rang.

Quelque temps après, cet homme vénérable eut la douce consolation de voir la jeune et intéressante victime seule échappée de la tour du Temple.

Un prince puissant et glorieux désirait obtenir la main de Madame. Aux yeux des politiques, cette alliance étrangère paraissait promettre un appui à la fille de Louis XVI ; mais cette illustre orpheline préféra unir sa destinée à celle de son cousin, pauvre, exilé, proscrit, parce qu'il était Français et qu'elle voulait partager tous les malheurs de sa famille ; elle savait d'ailleurs remplir à cet égard les vœux de son père. Une raison prématurée avait recommandé, dès sa jeunesse, monseigneur le duc d'Angoulême à l'affection particulière de Louis XVI. Ce prince méditait déjà dans son cœur l'hymen qui ne fut célébré que sur la terre d'exil, bien loin du trône et de la tombe du Roi-martyr.

Louis XVIII s'étant assuré des sentimens de Madame, employa tous ses soins à obtenir de la cour de Vienne que cette nièce chérie vînt s'unir aux larmes, aux espérances, au sort de l'héritier de son nom. Par une suite naturelle des traités de paix conclus entre la France et les puissances belligérantes, Louis XVIII avait été obligé de s'éloigner des frontières de son royaume ; en 1798 , il s'était retiré à Mittau, en Courlande; et ce fut là que, le 5 juin 1799, MADAME vint se réunir au Roi son oncle. « Je vous revois enfin, s'écria-t-elle en se jetant dans ses bras ; je suis heureuse..... voilà votre enfant..... veillez sur moi..... soyez mon père..... » Le Roi, sans pouvoir proférer une parole, serra sa nièce contre son sein, et lui présenta le duc d'Angoulême. Ce jeune prince, retenu par le respect, ne put s'exprimer que par des larmes qu'il laissa tomber sur la main de sa cousine, en la pressant sur ses lèvres. Rayonnant de joie, le Roi voyait avec un plaisir inéfable tous les yeux attendris et fixés sur l'auguste princesse. « Enfin, elle est à nous, répétait-il avec l'accent de la plus douce satisfaction ; nous ne la quitterons plus ; nous ne sommes plus étrangers au bonheur. » Apercevant dans la foule M. l'abbé Edgeworth, ce fut à ce respectable ecclésiastique qu'il présenta en premier lieu MADAME. En voyant en présence deux personnages qui rappelaient tant d'illustres souvenirs, chacun se recueillit avec une profonde vénération; le silence fut universel.... A ce pieux et premier mouvement de la reconnaissance, un second succéda; le Roi conduisit Madame au milieu des gardes-du-corps: « Voilà, lui dit-il, les fidèles gardes de ceux que nous pleurons sans cesse; leur âge, leurs blessures et leurs larmes vous disent tout ce que je voudrais exprimer..... »

Le 10 juin, le mariage de monseigneur le duc d'Angoulême avec Madame fut célébré dans une grande salle du château, où l'on avait dressé un autel simple et entouré de fleurs. Son éminence le cardinal de Montmorency, grand-aumônier de France, leur donna la bénédiction nuptiale. Au repas, où parmi les seigneurs les plus distingués se trouvaient quelques députés du tiers aux états-généraux, le Roi dit à toute l'assemblée, avec ce ton de bonté qui lui est si naturel : « C'est ici la fête des Français : mon bonheur serait complet si j'avais pu y réunir tous ceux qui se sont signalés comme vous par une fidélité courageuse envers le Roi mon frère. »

A l'occasion de cet heureux événement, le

Roi tourne ses regards vers la France; voici en quels termes Sa Majesté exprime son affection pour son peuple, dans la lettre suivante adressée à ses ambassadeurs :

« ..... Cette alliance me comble de joie; mais quelque bonheur personnel qu'elle me promette, c'est bien moins encore pour moi que j'en jouis que pour mes fidèles sujets. Ils verront avec attendrissement l'unique rejeton du Roi-martyr que nous pleurons, fixé à jamais auprès du trône. Et moi, lorsque la mort sera venue m'empêcher de travailler à leur bonheur, je leur aurai du moins donné une mère qui ne pourra jamais oublier ses propres infortunes qu'en rendant ses enfans heureux, et à laquelle la Providence a accordé toutes les vertus et les qualités nécessaires pour y réussir..... »

L'empereur de Russie, Paul Ier, a signé le contrat de mariage ; et le dépôt qui en a été fait dans les archives de l'empire, perpétuera à jamais le souvenir de la cruelle persécution exercée envers les Bourbons, et de la généreuse hospitalité du Czar pour cette auguste famille.

Mais la saison des orages n'était pas encore passée ; de nouveaux nuages se rassemblaient sur la tête des Bourbons. En 1801, il leur fut intimé de quitter les états de Russie ; et par un rapprochement de date bien cruel, il fallut que cette famille précipitât les apprêts de son départ dans les vingt-quatre heures du 21 janvier, jour de deuil et de douleur, consacré par l'auguste fille de Louis XVI à la retraite, aux larmes et aux exercices de piété. Louis XVIII se rendit en Prusse avant de se fixer à Varsovie ; il fit ce voyage sous le nom de comte de Lille, et Madame la duchesse d'Angoulême sous celui de la marquise de Meilleraye. J'emprunterai, pour peindre ce pénible trajet, quelques fragmens d'une lettre écrite à cette époque, de Memel, par M. le marquis d'Avarai, l'un des plus fidèles et dévoués serviteurs du Roi :

« ...... Je viens au récit de notre marche, et surtout à l'ange du ciel que la Providence a laissé ici-bas pour consoler le petit-fils de Louis XIV ; à cette héroïque Princesse qui, élevée dans une prison, et pendant des années ayant à peine entrevu le jour, est maintenant jetée sur le globe, sans abri dans l'immensité. C'est avec une âme vraiment sublime, jointe à la plus exquise sensibilité, que Madame la duchesse d'Angoulême marche dans cette nouvelle carrière de calamités; elle n'a pas balancé un moment à attacher son sort à celui de son oncle; elle veut suivre son Roi partout, et confondre ses propres infortunes avec les siennes.

» Ce voyage jusqu'ici, au bord de la mer surtout, a été cruel; une tempête horrible, des tourbillons de neige aveuglant les hommes, et effrayant les chevaux, ont interrompu la dernière journée..... Nos chers maîtres paraissent oublier leurs souffrances, pour ne s'occuper que de celles des fidèles serviteurs qui les environnent. La rigueur de la saison, les gîtes les plus affreux, l'ignorance absolue où pourront reposer ces têtes précieuses, rien n'altère la douceur, la constance de notre adorable Princesse; uniquement occupée du Roi, tout est bien, tout est bon pour elle; ici, la chaleur étouffante; là, le froid glacial d'une chambre sans feu, qu'il faut habituellement

Paul Ier n'étant encore que grand-duc de Russie, était venu avec la grande-duchesse son épouse, sous les noms de comte et de comtesse du Nord, visiter la France en 1782. Madame n'avait alors que quatre ans, mais on voyait déjà se développer en elle toutes les grâces de sa mère. En quittant la cour, le grand-duc prit cette jeune Princesse dans ses bras, et lui témoigna ses regrets de s'éloigner d'elle : « Monsieur le comte, lui dit Madame en souriant, j'irai vous voir. » Paul Ier, encore pénétré des témoignages d'intérêt que lui avaient prodigués Louis XVI et la Famille Royale, se rappelait avec plaisir et douleur en même temps cette réponse, hélas ! trop prophétique.

Ce souverain s'entretenant un jour avec le prince de Condé des affaires politiques de la France, et tâchant d'adoucir les regrets qu'il éprouvait d'être éloigné de sa patrie, lui dit : « Allons, ne vous désolez pas ; je ferai tout pour remplir vos vœux ; dans une heure, croyez-en ma parole, nous partons pour Chantilly. » L'illustre fugitif ne vit dans ces mots qu'une plaisanterie ; mais après un dîner que donnait l'Empereur, il conduisit le Prince à un château qu'il avait fait bâtir à quelque distance de Saint-Pétersbourg. Qu'on juge de la surprise du chevalier français, en retrouvant une parfaite image de sa maison ! Dans son voyage en France, le grand-duc avait été tellement émerveillé des beautés de Chantilly, qu'il en avait emporté un plan pour le faire exécuter auprès de la capitale de la Russie.

Paul Ier conféra à Louis XVIII l'ordre de Saint-Alexandre, et le Roi, en retour, envoya au Czar l'ordre du Saint-Esprit. M. l'abbé Edgeworth fut le plénipotentiaire des deux souverains dans cette occasion : l'empereur de Russie, plein de vénération pour cet homme respectable, lui donna son portrait enrichi de diamans, avec le brevet d'une pension de 500 roubles.

Pendant trois années, Louis XVIII éprouva les attentions les plus délicates de la part de ce magnanime souverain; et, si je puis m'exprimer ainsi, il dut à ses nobles procédés, un éclat, un faste presqu'importun pour la cour de Mittau.

mais avant il faut qu'on raye du Livre d'or le nom de ma famille, et qu'on me rende l'armure dont mon aïeul Henri IV a fait présent à la république de Venise. » Le sénat, quoique honteux de sa faiblesse, obtempère à cette demande. Louis XVIII efface du Livre d'or le nom des Bourbons, et il s'éloigne du pays inhospitalier.

« S'il est un spectacle digne des regards de la Divinité, c'est, nous dit Senèque, l'homme de bien luttant contre la mauvaise fortune. » Mais combien ce spectacle auguste acquiert une majesté plus touchante, lorsque le malheur vient assaillir la vertu dans un monarque, et que le tableau des grandes infortunes se déploie sur la scène élevée d'un trône ! Il y a quelque chose de terrible, de prodigieux dans les royales misères; et lorsque toutes les vicissitudes humaines n'ont pu vaincre la force de l'âme, lorsque la majesté du malheur n'a fait qu'ennoblir celle de la couronne ; lorsqu'enfin le plus infortuné des Rois a toujours été le plus vertueux des hommes, un tel prince devient à jamais le modèle des souverains de la terre, et le peuple dont il est le père est un peuple chéri du ciel..... Louis XVIII, en butte à toutes les persécutions des méchans, a vu tous les dangers réunis sur sa tête; il a éprouvé toutes les douleurs privées, et le deuil des pertes les plus irréparables. Ah! les Français n'auront jamais assez de respect, assez d'amour, pour expier toutes les infortunes d'un si bon prince.

J'arrive à l'époque où il me faut parler de cet homme unique dans les fastes de l'histoire, de ce soldat heureux, qui, s'élevant sur les débris de tous les partis, sut se frayer un chemin jusqu'au rang suprême. Par le secours de la séduction, de la supercherie et de la force, il fut facile au général Bonaparte de concentrer dans ses mains l'autorité arbitraire que les factions s'étaient jusque-là disputée, arrachée les unes aux autres. Devenu premier consul, il reconnut qu'il n'avait qu'un pas à faire pour monter sur le trône.

Le 26 février 1803, un personnage autorisé par Bonaparte se présenta chez le Roi de France, alors retiré à Varsovie, et fit verba-

partager avec madame de Serrent et ses femmes, tandis que son oncle repose dans le *stade* commun (chambre où se trouve le poêle), rien ne peut lui arracher une plainte ; c'est un ange consolateur pour notre maître, et un modèle de courage pour nous.

» Ah ! mon cher, que n'ai-je pour m'exprimer tout ce que la nature m'a donné pour sentir ! mon tableau serait plus vrai, c'est-à-dire non moins sublime que déchirant. Vous verriez comme moi, à travers vos larmes, notre souverain dans un misérable réduit, n'ayant pour tout espoir que celui d'en trouver un semblable le lendemain. Vous le verriez avec ce visage serein, cette bonté, cette grâce qui lui sont propres, et que vous savez si bien apprécier, cherchant en vain des termes pour exprimer sa reconnaissance. A côté de lui, la fille de tant de Rois, la nouvelle Antigone, cette victime échappée aux bourreaux de sa famille, belle, touchante, rappelant enfin le meilleur des princes, sa courageuse mère, et la vertueuse Elisabeth...... Dans ce cadre révéré, vous placerez le respectable abbé

Edgeworth, dont la seule présence, retraçant un exécrable attentat, commande le dévouement et l'oubli de soi-même. Quel est le cœur de fer, de quelque parti, de quelque faction qu'il soit, qui ne serait attendri en voyant un tel tableau ! »

Non, jamais l'éloquence élevée et touchante de Fénélon, ni de Bossuet, n'atteindrait à ces hautes infortunes, et le poëte ou l'orateur, au moment de représenter MADAME prêtant son bras au Roi de France à travers la Scythie, sous un climat moins glacé que ne l'étaient alors les cœurs de leurs sujets, sent échapper ou la lyre ou la plume, et n'a plus d'autre éloquence que celle de ses pleurs !

Poursuivi d'exil en exil, Louis XVIII montra partout la fermeté d'une âme que rien ne put abattre, et que rien ne put aigrir. C'est ainsi qu'en 1796, étant retiré à Véronne, au sein des états de Venise, le sénat de cette république, long-temps puissant et illustre, mais alors faible et chancelante, intimidé par les menaces de Bonaparte, alors général, conjura le monarque français de s'éloigner. « Je me dispose à partir, répondit l'illustre fugitif;

lement à Sa Majesté, dans les termes les plus honnêtes, mais en même temps les plus pressans, et qu'il crut les plus persuasifs, la proposition de renoncer au trône de France, et d'exiger la même renonciation de tous les membres de la maison de Bourbon : l'envoyé ajouta que pour prix de ce sacrifice, Bonaparte assurerait à Louis XVIII des indemnités, et même une existence brillante. Le Roi, fortement animé de ce sentiment que le malheur ne détruit jamais dans les âmes élevées, et qui l'attachait autant à ses droits qu'au bonheur de la France, fit sur-le-champ la réponse suivante, et la remit par écrit, le 28 mars, à la personne qui lui était envoyée :

« Je ne confonds pas M. Bonaparte avec ceux qui l'ont précédé ; j'estime sa valeur, ses talens militaires ; je lui sais gré de plusieurs actes d'administration ; car le bien qu'on fera à mon peuple me sera toujours cher. Mais il se trompe, s'il croit m'engager à transiger sur mes droits ; loin de là, il les établirait lui-même, s'ils pouvaient être litigieux, par la démarche qu'il fait en ce moment.

» J'ignore quels sont les desseins de Dieu sur ma race et sur moi ; mais je connais les obligations qu'il m'a imposées par le rang où il lui a plu de me faire naître. Chrétien, je remplirai ces obligations jusqu'à mon dernier soupir ; fils de saint Louis, je saurai, à son exemple, me respecter jusque dans les fers ; successeur de François Ier, je veux du moins pouvoir dire comme lui : Nous avons tout perdu, hors l'honneur. »

M. le duc d'Angoulême, en ce moment auprès de Louis XVIII, avait écrit au bas de cette lettre : « Avec la permission du Roi, mon oncle, j'adhère de cœur et d'âme au contenu de cette note. »

Cette réponse était aussi noble que modérée, et il fut répondu à l'envoyé qui paraissait craindre qu'elle n'irritât le premier consul au point de le porter à user de son influence pour aggraver les malheurs du Roi, que Bonaparte aurait tort de s'en plaindre, puisque si on l'avait appelé rebelle et usurpateur, on ne lui aurait dit que la vérité. Quant à ce que fit entrevoir l'envoyé, qu'il serait possible que Bonaparte exigeât de certaines puissances d'ôter au monarque français les secours en argent qu'elles lui donnaient : « Je ne crains pas la pauvreté, répondit le Roi ; s'il le fallait, je mangerais du pain noir, avec ma famille et mes fidèles serviteurs ; mais, ne vous y trompez pas, je n'en serai jamais réduit là ; j'ai une autre ressource, dont je ne crois pas devoir user tant que j'ai des amis puissans, c'est de faire connaître mon état en France, et de tendre la main, non au gouvernement usurpateur, cela jamais ; mais à mes fidèles sujets ; et croyez-moi, je serais bientôt plus riche que je ne le suis. »

Le 2 mars, le Roi écrivit à Monsieur, alors en Angleterre, ce qui s'était passé, et lui manda d'en faire part aux princes de son sang, qui se trouvaient dans ce pays, se chargeant lui-même d'en donner connaissance à ceux qui n'y étaient pas. Monsieur rassembla les Princes, qui tous s'empressèrent d'appuyer la lettre du Roi par l'acte d'adhésion suivant, daté de Wansted House, le 23 avril :

« Nous Princes soussignés, frère, neveu et

cousins de sa majesté Louis XVIII, Roi de France et de Navarre,

» Pénétrés des mêmes sentimens dont notre souverain seigneur et Roi se montre si dignement animé dans sa réponse à la proposition qui lui a été faite de renoncer au trône de France, et d'exiger de tous les Princes de sa maison une renonciation à leurs droits imprescriptibles de succession à ce même trône, déclarons :

» Que notre attachement à nos devoirs et notre honneur, ne pouvant jamais nous permettre de transiger sur nos droits, nous adhérons de cœur et d'âme à la réponse de notre Roi;

» Qu'à son exemple, nous ne nous prêterons jamais à la moindre démarche qui pût nous faire manquer à ce que nous devons à nous-mêmes, à nos ancêtres, à nos descendans.

» Déclarons enfin, que positivement certains que la grande majorité des Français partage intérieurement tous les sentimens qui nous animent, c'est au nom de nos loyaux compatriotes, comme au nôtre, que nous renouvelons devant Dieu, sur notre épée, et entre les mains de notre Roi, le serment sacré de vivre et de mourir fidèles à l'honneur et à notre légitime souverain. »

L'envoyé de Bonaparte lui rendit compte de sa mission. Cet homme, qui avait à cette époque toute la puissance pour faire le bien, touchait de près à la vraie grandeur. Il n'avait qu'à replacer sur le trône des Lys cette dynastie alors si infortunée et toujours si chère aux Français; les bénédictions des peuples l'auraient placé au-dessus de tous les héros de l'antiquité.

Non-seulement cette grande et généreuse idée ne trouva pas d'accès dans son âme; mais une pensée infernale en prit la place : Bonaparte résolut la perte totale des Bourbons. Ce fut en trempant ses mains dans le sang du duc d'Enghien, qu'il révéla ce sinistre projet à l'Europe effrayée.

Ce jeune prince résidait à Ettenheim, pays de M. le margrave de Bade. Le Roi lui ayant fait part des projets de Bonaparte, en reçut la réponse suivante, en date du 22 mars.

« Sire, la lettre datée du 2 mars, dont votre

majesté a daigné m'honorer, m'est exactement parvenue. Votre majesté connaît trop bien le sang qui coule dans mes veines, pour avoir pu conserver un instant de doute sur le sens de la réponse qu'elle me demande. Je suis Français, Sire, et Français fidèle à son Dieu, à son Roi et à ses sermens d'honneur; bien d'autres m'envieront peut-être un jour ce triple avantage : que votre majesté daigne me permettre de joindre ma signature à celle de M. le duc d'Angoulême, adhérant, comme lui, de cœur et d'âme, au contenu de la note de mon Roi. C'est dans ces sentimens invariables que je suis, Sire, de votre majesté, le très-humble, très-obéissant et très-fidèle sujet et serviteur. »

Bonaparte, irrité du refus des Bourbons de condescendre à ses vues ambitieuses, se vengea sur celui d'entr'eux qui se trouvait à sa proximité. Sans aucun égard pour le souverain de Bade, il viola son territoire, et, au mépris des droits les plus sacrés, il fit saisir le duc d'Enghien par un corps de troupes qui passa le Rhin à cet effet. L'infortuné prince fut conduit à Vincennes, et fusillé, dans les fossés du château, la nuit même de son arrivée. Les régicides, satisfaits de voir Bonaparte se souiller d'un assassinat qui établissait entr'eux et lui une solidarité de crimes, ne craignirent plus de l'élever à l'Empire.

Louis XVIII s'empressa de réclamer contre l'envahissement de son trône, en adressant à tous les souverains la protestation suivante, datée de Varsovie, le 5 juin 1804 :

« En prenant le titre d'Empereur, en voulant le rendre héréditaire dans sa famille, Bonaparte vient de mettre le sceau à son usurpation. Ce nouvel acte d'une révolution, où tout, dès l'origine, a été nul, ne peut sans doute infirmer mes droits : mais comptable de ma conduite à tous les souverains dont les droits ne sont pas moins lésés que les miens, et dont les trônes sont tous ébranlés par les principes dangereux que le sénat de Paris a osé mettre en avant; comptable à la France, à ma famille, à mon propre honneur, je crorais trahir la cause commune en gardant le silence en cette occasion. Je déclare donc en présence de tous les souverains, que loin de reconnaître le titre impérial que Bonaparte vient de se faire déférer par un corps qui n'a pas même d'existence légale, je proteste et contre ce titre et contre tous les actes subséquens auxquels il pourrait donner lieu. »

Malgré cette protestation, Bonaparte, favorisé par les hasards de la guerre, fut reconnu par les souverains des différens états de l'Europe.

Le roi d'Espagne lui ayant envoyé l'ordre de la Toison d'or, Louis XVIII écrivit aussitôt au monarque la lettre suivante :

« C'est avec regret que je vous renvoie les *insignia* de l'ordre de la Toison d'or que Sa Majesté votre père, de glorieuse mémoire, m'avait confiés. Il ne peut y avoir rien de commun entre moi et le grand criminel dont l'audace et la fortune l'ont placé sur mon trône, qu'il a eu la barbarie de teindre du sang pur d'un Bourbon, le duc d'Enghien.

» La religion peut m'engager à pardonner à un assassin ; mais le tyran de mon peuple doit toujours être mon ennemi.

» Dans le siècle présent, il est plus heureux de mériter un sceptre que de le porter.

» La Providence, par des motifs incompréhensibles, peut me condamner à finir mes jours en exil; mais ni la postérité, ni mes contemporains ne pourront dire que, dans le temps de l'adversité, je me suis montré indigne d'occuper, jusqu'au dernier soupir, le trône de mes ancêtres. »

Avouons-le à la honte de l'humanité, il avait été donné à Bonaparte de tromper les Rois, de séduire les peuples. Un pouvoir surnaturel semblait lui soumettre le genre humain. Les uns n'osaient lui refuser leurs services; les autres lui prodiguaient leur sang; les monarques suivaient son char de triomphe, et devant sa couronne de fer, on voyait pâlir presque tous les diadêmes.

La mémoire de l'infortuné duc d'Enghien fut honorée dans toute l'Europe par des cérémonies religieuses; mais son assassin n'en poursuivit qu'avec plus d'acharnement l'auguste famille des Bourbons. A Varsovie, on tenta d'empoisonner le Roi, au moyen de carottes creusées et remplies d'arsenic. A Mittau, on mit le feu au château qu'il habi tait, et Sa Majesté dut la vie aux anciens gardes-du-corps qui ne l'avaient jamais quitté, et qui parvinrent à éteindre l'incendie. Louis XVIII étant à Dillingen, en Souabe, à la fenêtre de son palais, on lui tira un coup de pistolet au front, dont il porte toujours la marque; M. le duc de Grammont, qui était auprès de lui, fit un mouvement pour retirer le Roi. « Que faites-vous? lui dit le monarque, on croira que nous avons peur. »

Dieu, qui voulait protéger la France, veilla sur les jours du Roi, et ne permit pas qu'il tombât sous les coups des assassins dirigés contre lui.

Après la mort de Paul I*er*, Louis XVIII retourna à Mittau, et y demeura jusqu'à l'époque où il se retira en Angleterre.

En 1807, Bonaparte ayant tourné ses armes contre l'empire de Russie, des militaires français, qui avaient été blessés et faits prisonniers, furent envoyés dans la ville où résidait le Roi de France. Quoiqu'ils eussent combattu contre la maison de Bourbon, Louis XVIII trouva dans son cœur le principe de la doctrine évangélique, et développa envers ces malheureux tous les sentimens du meilleur des pères. L'abbé Edgeworth se rendit auprès d'eux, avec la permission du Roi, pour les assister, pour leur donner tous les secours que l'on peut attendre de l'humanité, et toutes les consolations que la religion nous procure. Une fièvre contagieuse exerçait ses ravages parmi ces prisonniers, et le vertueux abbé étant avec eux jour et nuit, succomba bientôt sous les atteintes de cette cruelle maladie? Du moment qu'il tomba malade, Madame voulut lui prodiguer elle même les plus tendres soins ; on représenta vainement à cette Princesse à quoi l'exposait la dangereuse témérité de son zèle; nul motif ne fut capable d'ébranler sa magnanime résolution, et ce fut dans les bras de la fille de Louis XVI, que l'abbé Edgeworth, dernier consolateur du Roi son père, eut la consolation de rendre les derniers soupirs..... Non, il n'est point de vertus que n'aient déployées les Bourbons pendant le long période de leur adversité !

La mort de ce digne ecclésiastique (arrivée

le 22 mai 1807) plongea dans le deuil toute la famille royale. Monseigneur le duc d'Angoulême, l'archevêque de Reims et tous les grands de la cour accompagnèrent à pied les restes de cet homme vénérable, et les virent déposer dans la tombe. Louis XVIII daigna écrire en ces termes au frère de l'abbé :

« La lettre que M. l'archevêque de Reims vous écrit, monsieur, vous instruira de la douloureuse perte que nous venons de faire. Vous regretterez le meilleur et le plus tendre des frères. Je pleure un ami, un bienfaiteur, un consolateur, qui avait conduit le Roi, mon frère, aux portes du ciel, et m'en traçait à moi-même la route. Le monde n'était pas digne de le posséder plus long-temps. Soumettons-nous, en nous attachant à la pensée qu'il a reçu le prix de ses vertus; mais comme il ne nous est pas défendu d'embrasser des consolations d'un ordre inférieur, je vous en offre dans l'affliction générale que ce malheur a causée. Oui, monsieur, la mort de M. votre frère a été une calamité publique; ma famille, tous les fidèles Français qui m'entourent, ont ainsi que moi, cru perdre un père, et notre affliction a été partagée par tous les habitans de Mittau : toutes les classes, toutes les croyances se sont réunies à ses funérailles, et une douleur universelle l'a accompagné à sa dernière demeure.

» Puisse ce récit adoucir votre peine ! Puissé-je donner ainsi à la mémoire du plus respectable des hommes, une nouvelle preuve de vénération et d'attachement ! »

A l'exemple du Roi, tels étaient les sentimens d'amour, pour les Français, qui enflammaient tous les hommes fidèles dont il était entouré, que malgré le sort funeste de l'abbé Edgeworth, l'aumônier de la Reine ne craignit point de le remplacer auprès des malheureux prisonniers, et fut emporté de même.

Ah ! si tous les traits nobles et touchans de la vie de Louis XVIII et des Princes de sa famille eussent été connus de cette vaillante armée que l'on excita contre eux dans ces derniers jours de troubles, il est bien présumable qu'on ne l'eût point égarée aussi facilement, et que les soldats eussent méprisé et fait justice eux-mêmes de ceux de leurs officiers qui trahissaient aussi lâchement leur devoir et l'honneur.

A Friedland, les Français ayant remporté la victoire sur les armées réunies de Prusse, d'Autriche et de Russie, ces souverains firent la paix. Bonaparte, qui avait juré une haine implacable aux Bourbons, mit alors en œuvre toute son infernale politique pour leur enlever le dernier asile qui leur restait sur le continent.

A l'époque où Louis XVIII avait bien voulu entendre à Varsovie l'envoyé de Bonaparte, cet homme voyant qu'il ne pouvait réussir dans le but de sa mission, laissa entrevoir le danger que courait le Roi d'être privé d'un asile dans les Etats soumis à l'influence de celui qui avait résolu de régner à sa place. « Je plaindrai le souverain qui se croira forcé de prendre un parti de ce genre, et je m'en irai. » Telle avait été la réponse du Roi de France. Il se vit effectivement contraint d'abandonner le continent, et de se réfugier en Angleterre.

A son arrivée dans ce pays, ce Prince habita quelque temps Gosfield, campagne du marquis de Buckingham, dont tout Français doit connaître le généreux dévouement aux Bourbons : sa Majesté se fixa ensuite au château d'Hartwell. Notre Monarque vivait dans cette retraite, nommé comte de Lille dans toute l'Angleterre, et Roi de France dans sa maison seule ou dans l'intimité du prince de Galles, qui lui a toujours témoigné un sincère attachement.

Lorsque Madame la duchesse d'Angoulême parut pour la première fois à la cour de Londres, dans une fête donnée par le prince régent pour célébrer l'anniversaire du Roi, tous les regards furent à l'instant fixés sur cette Princesse : on admirait dans sa personne un être céleste qui, avant d'arriver à l'âge où la raison soutient le courage, avait éprouvé les plus cruelles douleurs qui puissent affliger le cœur humain. En contemplant ses traits augustes, chacun faisait des vœux que le ciel a daigné exaucer.

Après tant de traverses, les illustres fugitifs purent enfin goûter quelque repos dans cette retraite. Le Roi avait vu son revenu diminué des sommes qu'il tirait de la Pologne, de l'Espagne et du Brésil. L'Angleterre lui fournissait 20,000 livres sterling, et la Russie 70,000 roubles, ce qui formait en tout environ 600,000 francs, argent de France. Sur cette somme, 4000 livres sterling étaient destinées au duc et à la duchesse d'Angoulême; 600 au loyer d'Hartwell; autant à M. de Talleyrand, archevêque de Reims, pour les aumônes du Roi. Une somme très-considérable était employée à défrayer, dans toutes les parties de l'Europe, de fidèles serviteurs du Roi qui n'avaient plus que ses bontés pour ressource; et à peine restait-il, pour l'entretien de sa maison, 300,000 francs, qui n'en représentaient, pour ainsi dire, que 150,000 en Angleterre. Cette maison était cependant très-considérable, non que le luxe y fût pour quelque chose (en voici un exemple : les écuries du Roi consistaient en une voiture et deux chevaux de remise; plus un cheval pour faire la commission du château); mais parce que le Roi fournissait à l'entretien d'un grand nombre de personnes, qui, ayant entouré le trône dans son éclat, s'étaient vouées à lui dans son infortune, et formaient l'indigente et noble cour d'Hartwell.

Les âmes vraiment généreuses compâtissent toujours au sort des malheureux. Aussi une des grandes jouissances de Louis XVIII dans son petit domaine, était de diminuer les charges des habitans ; ses bienfaits allaient chercher le pauvre sous le chaume et sécher partout les larmes de l'infortuné. Ce bon Prince était chéri et révéré dans tout le pays. Dans ses courses aux environs, lorsqu'il approchait d'une ville ou qu'il traversait un village, toutes les cloches sonnaient à l'avance ; les habitans se précipitaient à sa rencontre, et suivaient ses pas en l'accablant de témoignages d'amour et de vénération. Dans cette retraite, le Roi s'occupait avec affection d'alléger le sort des prisonniers de guerre français, leur faisait distribuer des secours : madame la duchesse d'Angoulême leur donnait particulièrement tout ce qu'elle possédait ; on la voyait, ainsi que toutes les dames attachées à sa personne, constamment occupées à préparer de la charpie pour les blessés : c'est ainsi que cette Princesse se rapprochait à force de bienfaits, au moins par la pensée, d'une patrie qu'elle regrettait toujours, et qui était sans cesse l'objet des plus douces affections de son cœur.

C'est dans ce pays que Louis XVIII eut la douleur de perdre la Reine son épouse. Cette Princesse, dont chacun admirait les qualités de l'esprit et la bonté du cœur, termina son existence le 13 novembre 1810, à l'âge de 57 ans. Sa mort fut généralement ignorée en France; la crainte soupçonneuse du gouvernement empêcha que l'on en fût instruit. Les funérailles furent célébrées à Londres avec solennité, et l'on suivit en partie les cérémonies usitées aux obsèques des Rois et Reines de France. Le corps de cette Princesse repose dans l'abbaye de Westminster, lieu consacré à la sépulture des rois de la Grande-Bretagne. Madame la comtesse d'Artois avait précédé sa sœur au tombeau, le 2 juin 1805.

Au milieu de tous les coups qui venaient sans cesse frapper le cœur de Louis XVIII, il reportait ses regards et sa pensée sur sa patrie; sa patrie était ou l'objet de toutes ses inquiétudes, ou l'objet de toutes ses consolations. Si la gloire immortelle des armées françaises avait quelque chose de satisfaisant pour un petit-fils d'Henri IV, combien d'un autre côté ne souffrait-il pas de voir la nation continuellement entraînée dans des guerres injustes, et cette belle jeunesse de France moissonnée annuellement dans des contrées étrangères, sans autre but que de satisfaire la cruelle ambition d'un seul homme! Après la paix de Tilsitt, que pouvait désirer de plus celui qui se trouvait à la tête de la nation française? Il venait de combattre et de vaincre la Russie, la Prusse et l'Autriche réunies. Dans cette campagne mémorable, la France avait obtenu, au prix du plus pur de son sang, le plus haut degré de puissance et de gloire où une nation puisse monter. Mais Bonaparte ne connaissait que la gloire des armes; il ne songea jamais que la guerre est une calamité, et qu'un souverain ne doit l'entreprendre que pour éviter à son peuple de plus grands maux. Ah! si le bonheur de la France eut tant soit peu intéressé le cœur de cet homme, il eut surtout arrêté ce terrible fléau au moment où il allait ravager notre malheureuse patrie. La vie de Bonaparte ne vérifie que trop le mot effrayant de l'historien de Tibère, que « l'empire acquis par le crime ne s'exerça jamais pour le bonheur des hommes. »

La plus vaillante armée, après avoir pénétré avec audace jusques dans la superbe Moscou, s'était vu tout-à-coup assaillie par l'âpreté du froid le plus rigoureux : manquant de tout dans un pays que les habitans avaient livré aux flammes, les Français succombèrent de tous côtés sans combattre. De cette multitude de braves, une poignée seulement parvint à se tirer de cette terre de malheur; et lorsque Bonaparte, de retour aux Tuileries, disait, avec un horrible sang-froid, en se frottant les mains : « Il fait meilleur ici que sur les bords de la Bérésina », le cœur paternel de Louis XVIII saignait au récit de cette horrible catastrophe. Ce Prince montra toute la magnanimité de son âme, dans la lettre suivante qu'il adressa à l'empereur de Russie :

« Le sort des armes a fait tomber entre les mains de Votre Majesté plus de 150,000 prisonniers. Ils sont la plus grande partie français. Peu importe sous quels drapeaux ils ont servi ; ils sont malheureux : je ne vois parmi eux que mes enfans. Je les recommande à la bonté de Votre Majesté impériale. Qu'elle daigne considérer combien un grand nombre d'entre eux a déjà souffert, et adoucir la rigueur de leur sort. Puissent-ils apprendre que leur vainqueur est l'ami de leur père ! Votre Majesté ne peut pas me donner une preuve plus touchante de ses sentimens pour moi. »

Le désastre de Moscou était le précurseur de la chute de Napoléon : la bataille de Leipsick acheva de le perdre. A Moscou, il avait lâchement abandonné son armée ; à Leipsick, il sacrifia plusieurs divisions pour assurer sa fuite, en faisant sauter le pont. Dès ce moment, tous les Princes, tous les peuples, si long-temps subjugués, asservis, réunirent tous leurs efforts, et débordèrent en France comme un torrent impétueux. La bravoure française les arrêta successivement de position en position ; mais ces phalanges nombreuses et toujours renaissantes, arrivèrent enfin aux portes de Paris. Le 30 mars 1814 sera à jamais mémorable par la résistance que vingt-cinq mille hommes au plus firent contre toutes les armées étrangères, pour défendre la capitale. Pendant douze heures d'un combat des plus opiniâtres, les alliés perdirent environ quinze mille hommes : à la fin de la journée, ils étaient maîtres de toutes les positions, et Paris eut été livré à la fureur du soldat, sans la capitulation qu'obtint le maréchal Marmont, duc de Raguse : ce général a sauvé la capitale. Dès le commencement de l'attaque, Jérôme et Joseph, frères de Bonaparte, et tous ces grands dignitaires qui auraient dû ne quitter Paris qu'à la dernière extrémité, avaient pris lâchement la fuite. Arrivés à Blois avec l'Impératrice Marie-Louise, ils ne se croyaient pas encore en sûreté ; et n'écoutant que la peur qui les avait saisis, ils voulurent contraindre cette Princesse à les suivre au-delà de la Loire. L'Impératrice s'adressant alors à M. de Beausset, préfet du palais, lui demanda comme un dernier service et comme une marque d'attachement, d'aller s'informer auprès des officiers de la garde si c'était leur intention de se prêter à la violence qu'elle éprouvait, et de la conduire par force. Les chefs protestèrent qu'ils ne devaient recevoir d'ordre que de Sa Majesté, et qu'ils n'en écouteraient pas d'autres. Ils montèrent dans l'appartement de la Princesse, lui renouvelèrent cette protestation en présence de Jérôme et de Joseph, et dirent aux deux frères qu'ils étaient les maîtres de partir, ce qu'ils ne se firent pas répéter.

Ces hommes perfides n'avaient rien épargné pour tromper les Français sur tout ce qui se passait, et pour comprimer l'opinion de ceux qui auraient voulu éclairer leurs concitoyens. On ignorait que déjà Mgr le duc d'Angoulême s'était jeté dans le Midi, et que, dès le 12 mars, Bordeaux avait reconnu et proclamé Louis XVIII son légitime Souverain. (1)

---

(1) Un mois auparavant, les fideles habitans de la ville de Troyes s'étaient empressés d'exprimer leurs sentimens pour Louis XVIII, dans un mémoire adressé aux Souverains alliés, et remis entre les mains de S. M. l'empereur de Russie, par M. le chevalier Gouault et le marquis de Widranges.

Bonaparte avait frémi de rage en apprenant ce retour d'une des premières villes de France à l'ancienne dynastie. Ne se croyant pas si près de sa chute, il venait de diriger environ vingt mille hommes de son armée pour ressaisir cette place; mais les Bordelais avaient pris la résolution de s'exposer à tous les dangers pour soutenir la noble cause dans laquelle ils s'étaient engagés. Leurs magistrats, et surtout M. le comte de Lynch, maire de la ville, animaient leur courage. Par un rapprochement de date assez singulier, c'est le jour même que les alliés entraient dans Paris (31 mars 1814), que Louis XVIII félicitait le digne maire de Bordeaux, par cette lettre datée de son château d'Hartwell :

« M. le comte de Lynch, c'est avec ce sentiment qu'un cœur paternel peut seul éprouver, que j'ai appris le noble élan qui m'a rendu ma bonne ville de Bordeaux. Cet exemple sera, je n'en doute pas, imité par toutes les autres parties de mon Royaume ; mais ni moi, ni mes successeurs, ni la France, n'oublieront que les premiers rendus à la liberté, les Bordelais furent aussi les premiers à voler dans les bras de leur père. J'exprime faiblement ce que je sens vivement ; mais j'espère qu'avant peu, rendu moi-même dans ces murs, où, pour me servir du langage du bon Henri, *mon heur a pris commencement*, je pourrai peindre mieux les sentimens dont je suis pénétré. Je désire que vos concitoyens sachent par vous ce premier prix qui vous est dû ; car, malgré votre modestie, je suis instruit des services que vous m'avez rendus, et j'éprouverai un vrai bonheur en acquittant ma dette. »

Paris ne fut pas plutôt soustrait à la longue tyrannie qui avait pesé sur lui, que les nouvelles heureuses se propagèrent avec la rapidité de l'éclair. On sut que les Rois étrangers ne voulaient point déchirer la patrie. Ces Souverains, insultés dans les bulletins, à la face de l'univers, avaient à venger leur dignité royale : la chute de Bonaparte pouvait seule assurer le repos de leurs sujets, et raffermir leurs trônes, sans cesse ébranlés. Mais l'ambitieux une fois abattu, ils déclarèrent qu'ils respecteraient l'ancienne France telle qu'elle avait existé sous ses Rois légitimes. Sortant alors d'une cruelle anxiété, chacun se livra à la joie la plus vive et la plus sincère : partout on se complimentait, on se serrait la main, on s'embrassait. Les Parisiens se portèrent avec amitié au-devant des étrangers, et ceux-ci justifièrent une si noble confiance : Princes, officiers, soldats, tous montrèrent une affabilité et une gaieté qui leur gagnèrent tous les cœurs. « Il est juste, il est sage de donner à la France des institutions fortes et libérales qui soient en rapport avec les lumières actuelles; mes alliés et moi nous ne venons que pour protéger la liberté de vos décisions », dit l'empereur de Russie au sénat. Le 3 avril, le sénat, fort de sa liberté, déclara Napoléon Bonaparte déchu du trône, et le droit d'hérédité établi dans sa famille aboli. Le 6, il proclama que Louis-Stanislas-Xavier était rendu aux vœux des Français. Il fit précéder cette déclaration de la proclamation suivante, que nous citerons comme un précieux monument historique :

« Français, au sortir des discordes civiles,

vous avez choisi pour chef un homme qui paraissait sur la scène du monde avec les caractères de la grandeur. Vous avez mis en lui toutes vos espérances ; ces espérances ont été trompées. Sur les ruines de l'anarchie, il n'a fondé que le despotisme.

» Il devait au moins par reconnaissance devenir français avec vous. Il ne l'a jamais été. Il n'a cessé d'entreprendre, sans but et sans motif, des guerres injustes, en aventurier qui veut être fameux. Il a, dans peu d'années, dévoré vos richesses et votre population.

» Chaque famille est en deuil ; toute la France gémit : il est sourd à nos maux. Peut-être rêve-t-il encore à ses desseins gigantesques, même quand des revers inouis punissent avec tant d'éclat l'orgueil et l'abus de la victoire.

» Il n'a su régner ni dans l'intérêt national, ni dans l'intérêt même de son despotisme. Il a détruit tout ce qu'il voulait créer, et recréé tout ce qu'il voulait détruire. Il ne croyait qu'à la force, la force l'accable aujourd'hui, juste retour d'une ambition insensée.

» Enfin, cette tyrannie sans exemple a cessé :

les Puissances alliées viennent d'entrer dans la capitale de la France.

» Napoléon nous gouvernait comme un roi de barbares. Alexandre et ses magnanimes alliés ne parlent que le langage de l'honneur, de la justice et de l'humanité. Ils viennent réconcilier avec l'Europe un peuple brave et malheureux.

» Français, le sénat a déclaré Napoléon déchu du trône; la patrie n'est plus avec lui : un autre ordre de choses peut seul la sauver. Nous avons connu les excès de la licence populaire et ceux du pouvoir absolu : rétablissons la véritable monarchie, en limitant, par de sages lois, les divers pouvoirs qui la composent.

» Qu'à l'abri d'un trône paternel, l'agriculture épuisée refleurisse; que le commerce, chargé d'entraves, reprenne sa liberté; que la jeunesse ne soit plus moissonnée par les armes, avant d'avoir la force de les porter; que l'ordre de la nature ne soit plus interrompu, et que le vieillard puisse espérer de mourir avant ses enfans!

» Français, rallions-nous; les calamités vont

finir, et la paix va mettre un terme aux bouleversemens de l'Europe : les augustes alliés en ont donné leur parole. La France reposera de ses longues agitations, et, mieux éclairée par la double épreuve de l'anarchie et du despotisme, elle trouvera le bonheur dans le retour d'un gouvernement tutélaire. »

La joie inespérée qui animait la masse de la nation ne peut se dépeindre ; et je ne puis mieux donner une idée de ce passage subit de la crainte la plus affreuse à la plus douce espérance, qu'en présentant à mes lecteurs cette *expression des sentimens de Louis XVIII*, dont ce bon et vertueux Monarque fit précéder son retour en France :

« Livré à toutes les émotions que l'âme peut éprouver ; pénétré des affections les plus graves et les plus profondes que l'homme puisse ressentir ; ma situation est nouvelle, et je la crois sans exemple dans l'histoire du monde.

» La magnanimité des Souverains de l'Europe donne à ma pensée un essor nouveau. Si je n'en étais pas agrandi, il y aurait peu à espérer de moi.

» La belle conduite de la France me montre les progrès de la raison humaine : je vois que les orages troublent tout, et finissent par tout épurer.

» La France du 31 mars et des premiers jours d'avril, est une nation qui s'élève aux plus nobles sentimens, et aux affections les plus généreuses. Paris, inquiet, plonge un regard pénétrant dans le cœur d'Alexandre et de Frédéric; et à l'instant, Paris reçoit la persuasion que Frédéric et Alexandre veulent être les bienfaiteurs de toutes les nations.

» A l'instant aussi, le plus noble, le plus élevé de tous les sentimens, agit et réagit. Alexandre et Frédéric voyent s'étendre l'horison de leurs espérances; ils sont étonnés, émus. Un peuple qu'ils croyaient bon, ils le trouvent attendri, et sublime par les sentimens de l'âme et du cœur.

» La confiance mutuelle pénètre les Princes et leurs spectateurs de tous les rangs, avec la rapidité de l'éclair. La Russie et l'Allemagne voudraient embrasser la France; et au nom de la France, Paris veut arroser le sein d'Alexandre et de Frédéric, des larmes de la joie et de la sensibilité.

» Un autre sentiment s'élance. Paris crie : *vive Louis XVIII !* Et si ce cri ne s'élève pas juqu'au ciel, c'est que l'âme ne laisse pas aux organes l'énergie de l'articulation. C'est une expansion du cœur; et dans ses affections douces, le cœur ne sait pas faire le bruit des places publiques.

» La veille, toute la constriction de l'angoisse; le matin, de l'inquiétude sur la direction que prendrait le grand événement; et à onze heures, toute la dilatation de la confiance et de la joie.

» Cet accord subit entre Pétersbourg, Vienne, Berlin et Paris, est une des merveilles de la civilisation et de la morale. On ne saurait assez y réfléchir.

» Soudainement tout s'arrange; la magnanimité inspire tout, dicte tout; la reconnaissance répond à tout; il n'y a pas de frères attendris qui préludent plus noblement à des transactions généreuses et amicales.

» Qui exprimera le sentiment ineffable du

père de famille qui voit et contemple tous les préludes qui vont lui rendre la plus belle couronne de l'univers !

» Vient une grande inquiétude. Cette couronne, comment la porter avec une dignité qui réponde à la hauteur des circonstances et des événemens les plus historiques ?

» La carrière est belle, mais elle est difficile. Il faudrait un grand homme pour gouverner un grand peuple, et une nation dont les idées sont élevées, et dont les vues sont devenues plus éminentes par les grands événemens, qui donnent plus de ressort à tous les esprits.

» Cette sollicitude m'affecte et ne m'accable pas. Si je ne suis pas un héros, je serai un Prince éclairé et un bon Roi. Pour les Etats et pour les peuples, la bonté est au-dessus de tout, et j'ai assez de lumières pour être bon utilement au milieu des esprits les plus distingués.

» Il n'y a de haine dans mon cœur envers personne.

» Ce que je trouve dans mon cœur c'est le désir de faire le bien, et la joie céleste de pouvoir faire un bien immense.

» Dans la position où je me vois, je suis tout au présent; je me souviens à peine du passé; et dans le passé, je verrais plus mes illusions, que les erreurs qui, dans toutes les classes, et en tant de sens différens, ont agité la France et l'Europe. Pendant vingt-cinq ans, tout a été méprise, mésintelligence; de tous côtés, des accès. La coupe funeste est épuisée; et la raison et les bons sentimens reviennent, reparaissent de toutes parts, pour reprendre le plus salutaire et le plus honorable empire.

» Oui, je serai en harmonie avec ce cours nouveau de toutes choses. Je n'entraverai pas ces idées libérales qui animent l'Europe, et que Pétersbourg, Berlin, Vienne, Londres et Paris, accueillent et se renvoyent mutuellement. Il ne serait pas à mon pouvoir de faire descendre la France du degré qu'elle occupe sur l'échelle des nations; et j'aurai du moins les moyens de favoriser l'élan généreux, si heureusement signalé dans toutes les parties du monde civilisé.

» L'Europe veut la paix. Tous les Etats demandent la tranquillité, la sécurité pour tous;

et il ne faut dans les Souverains que la bonté, que la bonté ferme et courageuse, pour que tout se répare et s'améliore.

» Les nations sont éclairées. Les anciens Rois ont institué les établissemens qui ont versé et propagé les lumières.

» Maintenant, les Rois reçoivent la lumière de ces mêmes peuples, redevables du flambeau aux Princes que l'éducation avait élevés au-dessus de leurs siècles.

» C'est la prudence, la sagesse, la bonté, qui deviennent le solide ornement des diadêmes chargés de faire resplendir les nations.

» Écarter les dangers, donner ou maintenir les bonnes directions, se concilier la confiance et l'autorité qui s'unit à la bonté : voilà les devoirs de la Royauté.

» Ces devoirs, je tâcherai de les remplir, et une forte volonté est un des grands moyens de succès.

» Avec Alexandre, François, Frédéric et les autres Princes Européens, j'ambitionne d'être le bienfaiteur des nations. On me verra chérir la France, comme Louis XII et Henri IV;

entrer dans les vues de grandeurs qui animaient Louis XIV, et avec tous les sentimens pacifiques et de bonté de mon frère Louis XVI.

» Le Prince Charles-Philippe, mon frère ; les Princes, mes neveux, sont animés du même esprit. Les catastrophes ont agi sur nous, comme sur tous les hommes honnêtes que l'expérience éclaire et ramène aux vertus, qui sont les bases de la prospérité publique.

» La résignation, la religion, les mœurs, vont tous nous rallier ; et en déplorant trop de malheurs particuliers, qui s'attachent au retour à l'ordre, nous conspirerons tous pour consoler les uns, donner de la sécurité aux autres, et pour couronner en tout sens, le vœu national.

» Un Roi que la justice conduit, a l'Uni-
» vers pour temple, et les gens de bien pour
» prêtres et pour ministres. » (1)

Jamais Monarque a-t-il exprimé plus d'amour pour son peuple ? Un prince pourra-t-il jamais émettre des idées plus libérales ? L'am-

---

(1) Marc-Aurèle.

bitieux qui avait entraîné la France dans les guerres les plus horribles, s'acheminait vers l'île d'Elbe, qu'on lui avait assignée pour refuge, et recueillait sur son passage les malédictions des malheureux qu'il avait faits; tandis qu'un tendre père s'apprêtait à apporter à la nation l'olivier de la paix, l'espoir du bonheur. La joie qu'éprouvait toute la France ne peut être comparée qu'à l'impatience qu'elle ressentait de posséder son vertueux Monarque.

Déjà son illustre frère, arrivé par Vesoul avec les Alliés, avait reçu de toutes parts les acclamations du peuple. Le jour où il fit son entrée dans la capitale sera à jamais mémorable dans l'histoire : un juste enthousiasme électrisait toutes les âmes. Toutes ses paroles annonçaient la loyauté d'un prince digne des plus beaux siècles de la monarchie française. C'est vraiment Henri IV, s'écriait-on avec ivresse. « Si je n'en ai pas les talens, répondit » MONSIEUR, du moins j'en ai le cœur. » Il dirigea avec le plus grand zèle l'administration du gouvernement dont il était chargé, et se montra digne de son titre de lieutenant-général du royaume.

TROISIÈME PARTIE.

Arrivée de Louis XVIII à Calais. — Ses paroles aux maréchaux de France. — Son entrée à Paris. — Traité de paix avec toutes les puissances.—Heureuse situation de la France.—Honneurs rendus à la mémoire de Louis XVI. — Conspiration en faveur de Bonaparte. — Il envahit le royaume. — Appel du Roi aux Français. — Sa proclamation aux armées.— Déclaration du congrès de Vienne. — Le Roi convoque les chambres. — Ses dernières paroles à l'armée.—Ses adieux à la garde nationale.—Son départ. — Entrée de Bonaparte à Paris. — Sa conduite. — Il convoque un Champ-de-Mai. — La Vendée reprend les armes. — Relevé des votes en faveur de l'acte additionnel. — Épisode sur Murat. — Bataille de Waterloo. — Nouvelle abdication de Bonaparte. — Nomination d'une commission de Gouvernement.— Bonaparte s'embarque à Rochefort, et se rend aux Anglais.

Le 24 avril, Louis XVIII quitta l'Angleterre et toucha le sol de la France. Long-temps avant que le vaisseau, chargé de l'auguste dépôt, sortît du port de Douvres, la ville de Calais entière était attentive au signal qui devait annoncer le départ : le rivage de la mer, les remparts, tous les points élevés étaient couverts d'une foule d'habitans, auxquels s'étaient joints ceux des villes et des campagnes voisines. Lorsque le canon se fit entendre, à l'instant, et comme s'il eut été possible que les sept lieues qui séparent Douvres de Calais, fussent traversées en quelques minutes, on vit se précipiter vers le port le reste de la population, tant elle craignait d'y arriver trop tard. Bientôt après on découvrit à l'horison huit vaisseaux de ligne et un grand nombre d'autres bâtimens. Toutes les voiles étaient déployées, et cette escadre, que poussait un vent favorable, s'avançait avec rapidité. En approchant de la rade, les vaisseaux qui composaient l'escorte s'arrêtèrent en faisant une salve de toutes leurs batteries..... Tout le monde cherche des yeux, et l'on distingue le bâtiment magnifiquement orné, qui porte les destinées de la France; bien que nul danger ne le menace, une agitation involontaire s'empare de tous ceux qui l'attendent. Il entre dans le port, et quoique l'impatience l'eut plus d'une fois accusé de lenteur, deux heures seulement s'étaient écoulées depuis son départ de Douvres. Toutes ses voiles sont déployées, il s'avance rapidement, enfin il s'arrête. A cet instant partent de tous côtés des cris de *Vive le Roi! vive Madame! vivent à jamais les Bourbons!* Le canon de tous les forts et le son des instrumens répondent à ces acclamations poussées jusques aux cieux..... Le roi avait la main appuyée sur le bras de Madame la duchesse d'Angoulême ; M. le prince de Condé et M. le duc de Bourbon étaient à ses côtés. Le Monarque, par un mouvement qui ne pouvait appartenir qu'à lui, s'était fait reconnaître au milieu de la famille royale et de ses serviteurs fidèles ; seul, il avait ôté son chapeau, et, levant les yeux vers le ciel, en portant la main droite sur son cœur, il remerciait ardemment celui qui règle les destinées des peuples et des rois. Portant ensuite ses regards sur la multitude qui couvre le rivage, le Roi lui tend les bras avec une expression que rien ne peut rendre. Des cris d'amour et de dévouement répondent à ce signe de tendresse d'un père qui retrouve ses enfans après de longues souffrances ; tous les yeux répandent des larmes ; des sanglots se font entendre; l'attendrissement est à son comble; on se trouble, on se mêle, on oublie des dispositions indispensables, et ce désordre même ajoute encore à ce qu'une pareille scène avait de touchant.....

Le préfet du département, accompagné du sous-préfet de Calais, et le maire de cette ville, suivi du corps municipal, montent sur le vaisseau; l'un et l'autre adressent au Roi des discours auxquels le Monarque répond avec une expression dont toutes les âmes sont émues: son sourire, ses traits si nobles et si doux, où la majesté royale est tempérée par un caractère de si grande bonté, ajoutaient un nouveau prix aux paroles gracieuses qui sortaient de sa bouche.

Pendant ce temps-là, Madame la duchesse d'Angoulême recevait l'hommage des dames de Calais; elle ne cessait de dire, de la manière la plus affectueuse: « Que je suis heureuse d'être au milieu des bons Français! » Enfin le Roi quitta le vaisseau. Au moment où il mit le pied sur le sol de France, l'air retentit de nouveau des cris de *Vive le Roi!* Le clergé vint le recevoir au lieu du débarquement. « Après plus de vingt ans d'absence, le ciel me rend à mes enfans, dit le monarque au respectable curé, allons remercier Dieu dans son temple. » A la sortie de l'église, Louis XVIII se rendit au palais préparé pour lui.

Le général en chef de l'armée du Nord s'étant rendu à Calais, avec l'état-major du corps d'armée et une députation d'officiers-généraux, pour recevoir le Roi, Sa Majesté répondit à l'adresse qu'ils lui présentèrent : « Je reçois avec une vive satisfaction l'expression de vos sentimens; j'ai toujours admiré votre courage et votre valeur comme un bon Français; j'ai partagé la joie que causait à la France vos brillans succès. Maintenant comme Roi, je suis fier d'avoir d'aussi bonnes troupes. Ma santé ne me permettrait guère de vous commander, si, ce que je suis loin de croire, nous étions dans le cas d'avoir la guerre; mais je me ferais porter à votre tête, et je partagerais vos dangers et vos fatigues. Croyez que je vous revois enfin avec une bien vive émotion. Comptez toujours sur ma tendre affection et ma sollicitude paternelle pour mon armée. »

Le Roi reçut ensuite les autorités civiles et militaires de la ville. « Depuis Philippe de Valois, dit-il au maire, les habitans de Calais n'ont jamais cessé de donner à leurs souverains des preuves d'amour et de fidélité; je compte sur leur attachement comme ils peuvent compter sur ma protection. » Il parla ensuite à chacun avec autant d'affabilité que de bonté. Avant son départ, il dit au maire, qui recommandait ses administrés à sa protection royale : « Comment oublierais-je jamais cette ville de Calais? N'est-ce pas en mettant le pied sur ses rivages que j'ai versé les premières larmes de joie ! » Sur sa route, le Monarque reçut les bénédictions du peuple ; partout l'air retentit des acclamations de *Vive le Roi ! vive Louis-le-Désiré ! vivent les Bourbons !*

Louis XVIII avait été supplié par les habitans de Dunkerque de débarquer dans leur port. « J'aimerais à consentir à votre prière, leur avait répondu Sa Majesté; vos motifs me touchent ; mais je suis affamé du désir de revoir mes enfans ; ne dois-je pas prendre, pour arriver à eux, le chemin le plus court ? »

Le maréchal Moncey avait été au-devant du Roi à Boulogne. En l'abordant, Sa Majesté lui avait adressé les paroles les plus flatteuses sur ses talens militaires, et l'honorable conduite qu'il avait tenue. Le maréchal ayant fait un mouvement pour se précipiter aux pieds du Roi : « C'est dans mes bras que vous devez vous jeter, » dit vivement le Monarque ; et il l'embrassa avec effusion de cœur. « Je sais, M. le maréchal, ajouta Sa Majesté, tout le bien que vous avez fait, et tout le mal que vous avez empêché. »

A Compiègne, Sa Majesté trouva les maréchaux assemblés pour le recevoir : « Messieurs, leur dit-il, je suis heureux de me trouver au milieu de vous... Heureux et fier ! » ajouta-t-il avec l'expression de la plus noble bienveillance. Au diner où ils avaient été invités, le Roi prit un verre de vin et porta un toast *à l'armée*. Après le repas, voyant marcher avec difficulté le duc de Dantzick, un peu tourmenté par la goutte : « Eh bien, maréchal, lui dit-il, est-ce que vous êtes des nôtres ? » S'approchant du duc de Trévise : « Monsieur le maréchal, lui dit-il, lorsque nous n'étions pas amis, vous avez eu pour la Reine, ma femme, des égards qu'elle ne m'a pas laissé ignorer, et je m'en souviens aujourd'hui. » S'adressant ensuite au duc de Raguse, il lui dit : « Vous avez été blessé en Espagne, maréchal, et vous avez pensé perdre un bras ?—Oui, Sire, répondit le maréchal; mais je l'ai retrouvé pour le service de votre Majesté. » Tout le monde était rempli de la joie la plus vive : les officiers émigrés et les officiers de l'armée française se disaient en s'embrassant mutuellement : Plus de factions, plus de partis ! tous pour Louis XVIII !

Le 3 mai, le roi arriva à Paris : il avait couché à Saint-Ouen, où les premiers corps de l'Etat étaient allé le complimenter. C'est de là qu'est datée cette célèbre déclaration qui fait la base de notre Charte constitutionnelle. Le Roi garantissait aux Français un gouvernement représentatif; les impôts librement consentis; la liberté publique et individuelle allait enfin exister, ainsi que celle de la presse; le sage Monarque assurait le libre exercice des cultes; il déclarait les propriétés inviolables et sacrées; la vente des biens nationaux irrévocable; les ministres responsables; les juges inamovibles, et le pouvoir judiciaire indépendant; la dette publique était garantie; les pensions, grades et honneurs militaires conservés, ainsi que l'ancienne et nouvelle noblesse; la légion d'honneur était maintenue; le Roi déclarait tout Français admissible aux emplois civils et militaires; enfin, le testament de Louis XVI à la main, il promettait que nul individu ne serait inquiété pour ses opinions et ses votes.

La nation allait donc enfin jouir de cette liberté si long-temps attendue, et sur laquelle, après tant de sacrifices, on avait si peu droit de compter! Les Français étaient ivres de joie, de bonheur et d'espérance. Toute la route, depuis St.-Ouen jusqu'à la barrière, était couverte d'une immensité de peuple. Des cris d'allégresse et d'amour accompagnèrent le Monarque jusqu'aux portes de la capitale. Je ne saurais retracer l'enthousiasme des habitans de Paris à la vue du Roi et de cette princesse adorable qui rappelait tant d'illustres infortunes, tant d'imposans souvenirs. Toutes les maisons des rues traversées par le cortége étaient ornées de tapisseries, de guirlandes, de lis; on voyait, de distance en distance, des couronnes suspendues aux maisons; des milliers de drapeaux blancs voltigeaient aux fenêtres; de nombreuses inscriptions exprimaient le bonheur qu'on ressentait : enfin, tout ce que l'amour le plus ingénieux et la vénération la plus profonde peuvent inspirer, fut déployé pour fêter le Roi et son auguste famille.

Louis XVIII put juger, aux acclamations innombrables dont il fut l'objet, combien on chérissait sa présence, combien il était réellement *Louis* LE DÉSIRÉ. Les âges et les sexes confondus contemplaient avec vénération cet illustre Souverain, dont la sagesse et les lumières nous promettent un autre *Numa*. La fille de Louis XVI, guidée par l'inspiration d'un sentiment délicat, avait voulu paraître sous les vêtemens les plus simples : les pleurs que la joie lui faisait verser, lui tenaient lieu de diamans.

Le préfet, en présentant au Roi les clefs de la ville, lui adressa un discours auquel

Sa Majesté répondit par ces paroles touchantes, dignes du petit-fils d'Henri IV : « Enfin me voici dans ma bonne ville de Paris ; j'éprouve une vive émotion du témoignage d'amour qu'elle me donne en ce moment.... Je me réjouis de me réunir à mes enfans.... Je touche ces clefs, mais je vous les remets ; je ne puis les laisser en de meilleures mains, et les confier à des magistrats plus dignes de les garder. »

En entrant dans le château des Tuileries, le bon Monarque versa des larmes d'attendrissement, et Madame la duchesse d'Angoulême succomba sous la vive émotion qui vint agiter toutes les facultés de son âme... Quel Français aurait jamais pensé que quelques jours plus tard le crime viendrait de nouveau souiller ce palais épuré par la présence de l'antique et auguste famille des Bourbons?... Mais, suivons le cours des événemens, et écoutons les premières paroles que le Monarque adresse à son peuple :

« En remontant sur le trône de nos ancêtres, nous avons retrouvé nos droits dans votre amour, et notre cœur s'est ouvert tout entier aux sentimens que Louis XII, le père du peuple, et Henri IV., le bon Roi, ont jadis manifestés. Leur application constante au bonheur de la France marquera aussi notre règne, et nos vœux les plus intimes sont qu'il laisse, à son tour, des souvenirs dignes de s'associer à la mémoire de ces Rois, dont une bonté paternelle fut la première et la plus noble vertu.

» Au milieu des acclamations unanimes, et si touchantes pour notre cœur, dont nous avons été accompagné des frontières de notre royaume jusqu'au sein de notre capitale, nous n'avons cessé de porter nos regards sur la situation de nos provinces et de nos braves armées : l'oppression sous laquelle la France était accablée, a laissé après elle bien des maux, et nous en sommes vivement touché; notre peine en est profonde; mais leur poids va chaque jour s'alléger; tous nos soins y sont consacrés, et notre plus douce satisfaction croîtra avec le bonheur de nos peuples. Déjà un armistice, conclu dans les vues d'une politique sage et modérée, fait sentir les avantages précurseurs de la paix; et le traité qui la fixera d'une manière durable, est l'objet le plus assidu, comme le plus important de nos pensées. Dans un court intervalle, l'olivier, gage du repos de l'Europe, paraîtra aux yeux de tous les peuples qui le demandent. La marche des armées alliées commence à s'opérer vers nos frontières, et les augustes souverains, dont les principes ont été si généreux à notre égard, veulent resserrer noblement, entre eux et nous, les liens d'une amitié et d'une confiance mutuelle, qui ne pourra jamais recevoir d'atteinte.

. . . .

» Français ! vous entendez votre Roi, et il veut à son tour que votre voix lui parvienne, et lui expose vos besoins et vos vœux : la sienne sera toujours celle de l'amour qu'il porte à ses peuples. Les cités les plus vastes et les hameaux les plus ignorés, tous les points de son royaume sont également sous ses yeux, et il rapproche en même temps tous ses sujets de son cœur.

» Il ne croit pas qu'il puisse avoir des sentimens trop paternels pour des peuples dont la valeur, la loyauté et le dévouement à ses Rois ont fait, durant de longs siècles, la gloire et la prospérité. »

Louis XVIII accueillit avec la plus grande bonté tous les hommes de mérite qui désirèrent lui présenter leurs hommages. M. Ducis, qui a su transporter dans notre langue les beautés du Sophocle anglais, avait été secrétaire de ce prince jusqu'au moment où il passa dans les pays étrangers, et son grand âge seul l'avait empêché de quitter la France. L'heureux retour de notre monarque désiré vint ranimer la vieillesse de ce doyen de nos poëtes. Présenté au Roi, M. Ducis dit à Sa Majesté qu'il espérait qu'elle n'aurait pas oublié les traits d'un de ses plus anciens serviteurs : « Voici une preuve que je m'en souviens très-bien, » répondit le Roi; et de suite, avec un sentiment et une grâce inexprimables, ce prince prononça de mémoire, devant l'auteur d'*OEdipe chez Admète*, ces quatre vers :

> Oui, tu seras un jour, chez la race nouvelle,
> De l'amour filial le plus parfait modèle ;
> Tant qu'il existera des pères malheureux,
> Ton nom consolateur sera sacré pour eux.

Louis XVIII ne s'en tint pas là : il nomma M. Ducis chevalier de la Légion d'honneur, et quelques jours après, apercevant au milieu d'un grouppe de courtisans le poëte décoré, Sa Majesté lui adressa un de ces mots qui doublent le prix d'une faveur : « M. Ducis, cela vous va très-bien. »

M. Picard, l'un des premiers auteurs comiques de notre temps, étant venu faire hommage au monarque du recueil de ses œuvres, ce Prince lui dit, avec sa grâce accoutumée : « J'ai déjà vu avec plaisir représenter cinq ou six de vos pièces en pays étrangers; je lirai les autres avec autant de satisfaction. »

Sa Majesté dit à M. de Montjoie (1), en lui accordant la décoration du Lis : « Peu de Français l'ont mieux méritée que vous. »

J'aurais trop à citer, si je voulais rapporter toutes ces réceptions, aussi honorables que gracieuses, de notre souverain, et ces paroles pleines de bonté qu'il daignait adresser à chacun. Personne ne possède mieux que Louis XVIII le don précieux de dire des choses aimables; les mots heureux coulent de sa bouche comme

---

(1) Auteur de l'*Éloge Historique de Louis XVI*, de l'*Histoire de la Reine Marie-Antoinette*, etc.

de leur source naturelle. Néanmoins, je ne dois pas omettre cette scène intéressante, que n'oublieront jamais ceux qui ont eu le bonheur d'en être témoins. A l'audience du 13 juin, Achille d'Acheux, âgé de douze ans et demi, eut l'honneur d'être présenté à Sa Majesté, avec M. d'Acheux son père. Au moment où cet enfant parut devant le Roi, il voulut commencer un petit discours ; on lui fit observer qu'il n'était pas permis de haranguer le souverain dans ces sortes de présentations ; alors le Roi, avec une douceur qu'il serait difficile de peindre, dit au seigneur qui l'empêchait de parler : « Laissez, monsieur le duc ; » et s'adressant au jeune orateur, qui était très-intimidé : « Viens, viens, mon petit ami, approche, et récite ton discours. » L'enfant reprit sa harangue ; mais lorsqu'il arriva aux malheurs éprouvés par son père, son cœur se gonfla, et les sanglots lui arrêtèrent la parole. « Ah ! pauvre petit, tu pleures ! lui dit le Roi ; sois sûr que je ne t'oublierai pas, et que je t'ai la même obligation que si tu m'avais tout dit. » L'enfant, vivement attendri, tomba aux genoux de Sa Majesté, les deux mains jointes. A cet aspect, le monarque cède aux mouvemens de son cœur, inépuisable en bonté, relève l'enfant, prend ses mains dans les siennes, les serre avec une émotion qui se communique à toutes les âmes : « Lève-toi, mon bon ami, lève-toi, tu as assez de peine. » Le jeune d'Acheux donne à Sa Majesté son discours écrit, et le Roi lui répète avec la même bienveillance : « Je me souviendrai de toi. » Cette scène touchante fit couler les larmes des yeux de toutes les personnes présentes à cette audience. Voilà bien, se disait-on, le petit-fils du bon Henri !

Le premier bienfait du Roi était la paix, qu'il apportait à son peuple. Il s'occupa, de concert avec les souverains alliés, à en dresser les articles, et dans les premiers jours de juin la paix générale avec toutes les puissances fut proclamée solennellement. Ce traité, honorable en tout temps, l'était encore plus dans la situation où la France se trouvait alors. Non seulement elle conservait son ancien territoire, mais deux départemens, celui du

Mont-Blanc et de Vaucluse, qui n'en faisaient point partie du temps de l'assemblée constituante, étaient déclarés partie intégrante du royaume. Il était glorieux pour la nation, dans des circonstances aussi extrêmes, de dépasser ses anciennes limites, d'aligner et de consolider ses frontières, de compléter son système défensif, et de renforcer de sept à huit cent mille âmes son ancienne population.

A qui la nation devait-elle d'aussi précieux avantages, si ce n'était à l'extrême considération que les Souverains alliés avaient pour son vertueux Monarque ? Dans la balance politique, il avait suppléé à l'épée de Louis XIV, par le sceptre de Saint-Louis. Cette paix était à la fois glorieuse pour les Français, qui, même dans leurs revers, recueillaient les tributs d'admiration dus à leur valeur, et pour les puissances qui, libres dans leur ressentiment, l'enchaînèrent alors par leur magnanimité.

Jaloux de prouver à la nation son respect pour ses droits, le Roi s'empressa de convoquer la représentation nationale. Le 4 juin, il fit l'ouverture des chambres par cette séance royale où, dans le discours suivant, il manifesta avec grandeur et majesté les nobles sentimens qui animaient son cœur paternel :

« Messieurs, lorsque pour la première fois je viens dans cette enceinte m'environner des grands corps de l'Etat, des représentans d'une nation qui ne cesse de me prodiguer les plus touchantes marques de son amour, je me félicite d'être devenu le dispensateur des bienfaits que la divine Providence daigne accorder à mon peuple.

» J'ai fait avec l'Autriche, la Russie, l'Angleterre et la Prusse, une paix dans laquelle sont compris leurs alliés, c'est-à-dire tous les princes de la chrétienté. La guerre était universelle ; la réconciliation l'est pareillement.

» Le rang que la France a toujours occupé parmi les nations n'a été transféré à aucune autre, et lui demeure sans partage. Tout ce que les autres Etats acquièrent de sécurité, accroît également la sienne, et par conséquent ajoute à sa puissance véritable. Ce qu'elle ne conserve pas de ses conquêtes ne doit donc pas être regardé comme retranché de sa force réelle.

» La gloire des armées françaises n'a reçu aucune atteinte; les monumens de leur valeur subsistent, et les chefs-d'œuvre des arts nous appartiennent désormais, par des droits plus stables et plus sacrés que ceux de la victoire.

» Les routes de commerce si longtemps fermées, vont être libres. Le marché de la France ne sera plus seul ouvert aux productions de son sol et de son industrie. Celles dont l'habitude lui a fait un besoin, ou qui sont nécessaires aux arts qu'elle exerce, lui seront fournies par les possessions qu'elle recouvre. Elle ne sera plus réduite à s'en priver ou à ne les obtenir qu'à des conditions ruineuses. Nos manufactures vont refleurir; nos villes maritimes vont renaître; et tout nous promet qu'un long calme au-dehors et une félicité durable au-dedans seront les heureux fruits de la paix.

» Un souvenir douloureux vient toutefois troubler ma joie. J'étais né, je me flattais de rester toute ma vie le plus fidèle sujet du meilleur des Rois; et j'occupe aujourd'hui sa place! Mais, du moins, il n'est pas mort tout entier; il revit dans ce testament qu'il destinait à l'instruction de l'auguste et malheureux enfant auquel je devais succéder ! C'est les yeux fixés sur cet immortel ouvrage ; c'est pénétré des sentimens qui le dictèrent ; c'est guidé par l'expérience et secondé par les conseils de plusieurs d'entre vous, que j'ai rédigé la Charte constitutionnelle qui asseoit sur des bases solides la prospérité de l'Etat. »

Quel magnifique et touchant spectacle que celui d'un Roi qui, pour s'assurer de nos respects, n'avait besoin que de ses vertus ; qui déploie l'appareil imposant de la royauté pour apporter à son peuple, le bienfait si désiré d'une paix honorable, et celui non moins précieux d'une constitution, par laquelle il éteint tous les partis, comme il maintient tous les droits ! Avec quel orgueil Louis XVIII se plaît à dire que *le rang que la France a toujours occupé parmi les Nations, n'a été transféré à aucune autre, et lui demeure sans partage !* Et l'on a osé avancer que la nation française avait été avilie par son Roi !..... Méconnaissait-il la bravoure de nos soldats, le Roi qui s'enorgueillissait de ce que la gloire des armées françaises n'avait reçu aucune atteinte ? Lorsqu'il ajoute : « *Les monumens de leur valeur subsistent, et les chefs-d'œuvre des arts nous appartiennent désormais, par des droits plus stables et plus sacrés que ceux de la victoire;* était-ce là se montrer indifférent à tout ce qui rappelait le souvenir de nos immortels succès ?

Le Monarque développa de nouveau ses nobles sentimens dans la déclaration suivante, dont il fit précéder la lecture de la Charte constitutionnelle.

« La divine Providence, en nous rappelant dans nos Etats, après une longue absence, nous a imposé de grandes obligations. La paix était le premier besoin de nos sujets ; nous nous en sommes occupé sans relâche ; et cette paix si nécessaire à la France, comme au reste de l'Europe, est signée. Une Charte constitutionnelle était sollicitée par l'état actuel du royaume ; nous l'avons promise, et nous la publions. Nous avons considéré que, bien que l'autorité toute entière résidât en France dans la personne du Roi, nos prédécesseurs n'avaient point hésité à en modifier l'exercice, suivant la différence des temps : que c'est ainsi que les communes ont dû leur affranchissement à Louis-le-Gros, la confirmation et l'extension de leurs droits à saint Louis et à Philippe-le-Bel; que l'ordre judiciaire a été établi et développé par les lois de Louis XI, d'Henri II et de Charles IX; enfin, que Louis XIV a réglé presque toutes les parties de l'administration publique par différentes ordonnances dont rien encore n'avait surpassé la sagesse.

» Nous avons dû, à l'exemple des Rois nos prédécesseurs, apprécier les effets des progrès toujours croissans des lumières, les rapports nouveaux que ces progrès ont introduits dans la société, la direction imprimée aux esprits depuis un demi-siècle, et les graves altérations qui en sont résultées; nous avons reconnu que le vœu de nos sujets pour une Charte constitutionnelle était l'expression d'un besoin réel; mais en cédant à ce vœu, nous avons pris toutes les précautions pour que cette Charte fût digne de nous et du peuple auquel nous sommes fiers de commander : des hommes sages, pris dans les premiers corps de l'Etat, se sont réunis à des commissaires de notre conseil, pour travailler à cet important ouvrage.

» En même temps que nous reconnaissions qu'une constitution libre et monarchique devait remplir l'attente de l'Europe éclairée, nous avons dû nous souvenir aussi que notre premier devoir envers nos peuples était de conserver pour leur propre intérêt les droits et les prérogatives de notre couronne. Nous avons espéré, qu'instruits par l'expérience, ils seraient convaincus que l'autorité suprême peut seule donner aux institutions qu'elle établit, la force, la permanence et la majesté dont elle est elle-même revêtue; qu'ainsi, lorsque la sagesse des Rois s'accorde librement avec le vœu des peuples, une Charte constitutionnelle peut être de longue durée; mais que quand la violence arrache des concessions à la faiblesse du gouvernement, la liberté publique n'est pas moins en danger que le trône même. Nous avons enfin cherché les principes de la Charte constitutionnelle dans le caractère français, et dans les monumens vénérables des siècles passés. Ainsi, nous avons vu dans le renouvellement de la pairie une institution vraiment nationale, et qui doit lier tous les souvenirs à toutes les espérances, en réunissant les temps anciens et les temps modernes.

» Nous avons remplacé, par la chambre des députés, ces anciennes assemblées des Champs-de-Mars et de Mai, et ces chambres du tiers-état, qui ont si souvent donné tout à la fois des preuves de zèle pour les intérêts du peuple, de fidélité et de respect pour l'autorité des Rois. En cherchant ainsi à renouer la chaîne des temps, que de funestes écarts avaient interrompue, nous avons effacé de notre souvenir, comme nous voudrions qu'on pût les effacer de l'histoire, tous les maux qui ont affligé la patrie durant notre absence. Heureux de nous retrouver au sein de la grande famille, nous n'avons su répondre à l'amour dont nous recevons tant de témoignages, qu'en prononçant des paroles de paix et de consolation. Le vœu le plus cher à notre cœur, c'est que tous les Français vivent en frères, et que jamais aucun souvenir amer ne trouble la sécurité qui doit suivre l'acte solennel que nous leur accordons aujourd'hui.

» Sûrs de nos intentions, forts de notre conscience, nous nous engageons, devant l'assemblée qui nous écoute, à être fidèles à cette charte constitutionnelle, nous réservant d'en jurer le maintien, avec une nouvelle solennité, devant les autels de celui qui pèse dans la même balance les Rois et les nations. »

Tous les esprits justes, tous les bons Français applaudirent à cette constitution qui devenait le pacte de famille entre le Roi et son peuple. Depuis vingt ans on ne nous avait parlé que de constitutions, et depuis vingt ans nous n'avions vu s'établir parmi nous aucun régime constitutionnel : on a mis beaucoup de constitutions sur le papier, on n'en a mis aucune en pratique. L'ouvrage de l'assemblée constituante fut aussitôt détruit qu'achevé; l'assemblée législative ne travailla qu'à le miner et à le renverser ; la convention rédigea une constitution qu'elle se hâta de renfermer dans une arche qui en devint le tombeau, et à laquelle elle substitua le despotisme de ses comités. La constitution dite de l'an III commençait à peine à nous faire entrevoir les avantages d'une espèce de gouvernement régulier, qu'elle fut annulée par les violences tyranniques du directoire : Bonaparte ne sembla résumer toutes les constitutions précédentes, et ne parut vouloir s'appuyer sur l'espèce de faisceau qu'il en avait formé, que pour mieux les anéantir toutes ensemble ; enfin, on n'avait cessé depuis la révolution d'entretenir la nation de ses droits ; mais il avait été réservé à Louis XVIII de lui en accorder le libre exercice, de lui en procurer la pleine jouissance.

Depuis l'arrivée de Sa Majesté, la ville de Paris avait désiré offrir au Roi une fête pour célébrer son heureux retour, et les préparatifs se faisaient avec cet empressement que le cœur déploie quand il s'agit de recevoir ceux qui nous sont chers : le 29 août fut choisi pour cette fête. Tout ce que l'esprit le plus ingénieux peut inventer fut choisi pour décorer les différentes salles de l'Hôtel-de-Ville, et l'art et la nature rivalisèrent pour embellir la réception de la Famille Royale. M. le préfet, à la tête du corps municipal, adressa à Sa Majesté une harangue à laquelle Elle répondit dans des termes et avec un accent paternels qui ravirent tous les cœurs. L'épouse du préfet, à la tête de douze dames qui avaient reçu Madame la duchesse d'Angoulême, adressa à cette Princesse le discours suivant :

« Madame, comment vous peindre les sentimens dont nous sommes pénétrées en recevant dans cette enceinte l'auguste fille de tant de Rois ! Que d'émotions viennent toucher nos cœurs ! Notre mémoire nous rappelle encore les larmes que nous versions dans notre enfance au récit de votre noble constance, de vos longs malheurs. Nous pouvons le dire avec fierté ; c'est dans le cœur des femmes que se conserva plus vif et plus pur le feu sacré de l'amour de nos Rois. Nos vœux, trop long-temps inutiles, sont enfin exaucés. Ce sont des larmes de joie que nous répandons aujourd'hui. Ah ! madame, puisse le ciel accomplir nos souhaits, et votre bonheur sera mesuré sur vos vertus ! Puissiez-vous en goûter les prémices dans cette fête où l'attendrissement, le respect et l'amour des peuples se réunissent pour accueillir nos princes chéris et célébrer la fête du meilleur des Rois ! »

Madame, vivement émue, répondit par les plus touchantes expressions de sa bienveillance. Rien ne manqua à la magnificence de cette fête, qui était vraiment celle de la nation entière. Je n'entreprendrai point de dépeindre tout ce qui s'y passa d'intéressant; je citerai seulement un trait des plus ingénieux, et qui produisit une vive impression : plusieurs dames formèrent, avec des fleurs allégoriques portant le nom des Reines qui ont illustré la France et les époques glorieuses de notre histoire, une corbeille que l'épouse du préfet vint respectueusement déposer aux pieds de Madame. Le Roi, ainsi que cette Princesse, furent vivement pénétrés de cette scène gracieuse et de la délicatesse de cet hommage. Sa Majesté, avant de se retirer, exprima avec cet accent qui ajoute tant de charmes à ses paroles, la douce satisfaction qu'Elle avait goûtée dans cette réunion des habitans de sa bonne ville de Paris : « Nulle part, dit-Elle, je n'avais vu une fête aussi belle et surtout aussi touchante pour mon cœur. Je compterai cette journée, où j'ai reçu tant de témoignages d'affection, parmi les plus heureuses de ma vie. »

Quelque temps après, le Roi se rendit à l'Opéra. Sitôt que l'on sut dans Paris que Sa Majesté honorerait ce spectacle de sa présence, on s'y porta en foule, et la salle se trouva mille fois trop petite pour contenir la multitude de bons Français qui brûlaient du désir de témoigner à leur auguste Souverain combien il leur est cher. On donnait *OEdipe à Colone* : quelle pièce pouvait-on mieux choisir, que celle qui représente toutes les vertus de la piété filiale. Ah ! ce n'était point pour cette tragédie lyrique que l'on s'empressait; mais les malheurs de la famille de Laïus en rappelaient de plus terribles : cette Antigone de l'antiquité pouvait-elle être comparée avec celle de la France ? non sans doute ; un intérêt plus vif pénétrait donc tous les cœurs ; celui de rendre hommage à des vertus réelles. Avec quel enthousiasme furent saisies les allusions de la pièce. Tous les yeux, fixés sur MADAME pendant le couplet : *Elle m'a prodigué sa tendresse et ses soins*, se mouillèrent des pleurs du sentiment; et à peine l'acteur eut-il fini de chanter que la reconnaissance publique s'empressa de payer à cette Princesse, par les applaudissemens les plus sincères, le juste tribut des tendres soins qu'elle n'a cessé d'avoir pour l'oncle chéri qui a remplacé dans son cœur les plus chères affections. Le Roi, lui-même, les yeux baignés de larmes, ne put cacher son émotion; et jetant un regard tendre et ineffable sur son auguste nièce, lui fit l'application bien méritée des sentimens d'OEdipe. Cette scène des plus touchantes inspira un enthousiasme universel, et la salle retentit long-temps des cris de *vive le Roi! vive* MADAME! *vivent à jamais les Bourbons!* Un tel spectacle était bien le triomphe de la vertu, et ce jour resserra encore, s'il est possible, tous les liens entre le peuple, le Monarque et son illustre famille.

L'homme observateur, comme les politiques les plus profonds, étaient étonnés de la rapidité avec laquelle la France marchait au bonheur. Un énorme arriéré provenant des entreprises gigantesques et des nombreuses spoliations du gouvernement précédent, se liquidait par la sagesse de l'administration nouvelle; le commerce refleurissait; l'agriculture renaissait; les arts, ennemis du trouble et du tumulte, reprenaient leurs antiques droits ; la religion éclairait les esprits et réconciliait les cœurs ; chaque jour voyait se développer avec une sage progression la plus noble des libertés de l'homme, celle de sa pensée ; la fortune publique se relevait sur les bases d'un crédit constitutionnel ; et cette Charte, à laquelle avaient applaudi les Français de tous les rangs, assurait les droits du peuple, et tempérait l'abus d'un pouvoir illimité. Il serait impossible d'indiquer aucune époque de la monarchie où la liberté des sujets ait été plus respectée, où les tribunaux aient joui de plus d'indépendance : Louis XVIII régnait par ses bienfaits et ses vertus. Rien de ce qui peut faire la félicité humaine n'était étranger à nos espérances: tout enfin nous présageait de longs jours de bonheur.

Cependant une certaine classe d'hommes accoutumés aux orages de la révolution, loin de goûter le repos dont jouissait la patrie, s'agitaient dans l'ombre : ils avaient assassiné Louis XVI, et la vue de son frère était pour eux un supplice continuel. Ses vertus éveillaient en eux trop de remords, sa popularité les couvrait de confusion, son amour de la justice les faisait trembler pour l'avenir. La nation, dont la masse n'avait point participé au crime affreux du régicide, s'était empressée d'offrir à l'Éternel des vœux expiatoires; dans toute la France les églises retentirent des accens douloureux dont les fidèles honoraient la mémoire du Monarque qui s'était offert en holocauste à la rage impie d'une tourbe séditieuse. Louis XVIII et sa famille, prosternés dans nos temples, confondirent leurs prières avec celles du peuple.

Après ce premier mouvement pieux de la nation, il était du devoir de Louis XVIII de rassembler les ossemens de son frère infortuné, et de les déposer dans le tombeau de ses ancêtres. La dépouille mortelle du Roi et de la Reine fut transférée avec pompe du cimetière de la Madeleine à l'abbaye royale de Saint-Denis ; cette auguste cérémonie eut lieu le 21 janvier 1815, anniversaire de la mort de l'illustre victime.

Les régicides frémirent de rage et d'effroi. Bientôt ils prouvèrent que les hommes qui ont opprimé leur patrie et trempé leurs mains dans le sang innocent, ne sont pas plus susceptibles de repentir que dignes de pardon : l'un d'eux, que le Roi avait daigné accueillir avec distinction et décorer de la croix de chevalier de Saint-Louis, osa insulter aux mânes du Roi-martyr en publiant une apologie du crime auquel il avait coopéré. Cet audacieux écrit rallia les coupables ; ils conspirèrent de nouveau ; la voix de ces vieux apôtres de l'anarchie se fit entendre jusqu'à l'île d'Elbe, et vint enhardir l'ex-empereur dans son projet de troubler la paix de la France et le repos de l'Europe.

Le premier jour de mars, cet homme qui, si long-temps, avait fait peser sur une partie du globe son sceptre de fer, au mépris de ses sermens, au mépris de l'honneur, quitte son île et descend à la tête d'une poignée de soldats sur cette même terre qui l'avait rejeté avec indignation. La nouvelle de ce débarquement répandit la consternation parmi tous les vrais amis de la patrie. Le commerce se vit tout à coup interrompu, chacun cessa toute entreprise : le fléau de l'humanité reparaissait, on ne s'attendait plus qu'à des désastres. Le Roi fit l'appel suivant aux Français :

« Après vingt-cinq années de révolution, nous avions, par un bienfait signalé de la Providence, ramené la France à un état de bonheur et de tranquillité. Pour rendre cet état durable et solide, nous avions donné à nos peuples une Charte qui, par une constitution sage, assurait la liberté de chacun de nos sujets. Cette Charte était, depuis le mois de juin dernier, la règle journalière de notre conduite, et nous trouvions, dans la chambre des Pairs et dans celle des Députés, tous les secours nécessaires pour concourir avec nous au maintien de la gloire et de la prospérité nationales. L'amour de nos peuples était la récompense la plus douce de nos travaux, et le meilleur garant de leurs heureux succès. C'est cet amour que nous appelons avec confiance contre l'ennemi qui vient souiller le territoire français, qui veut y renouveler la guerre civile. C'est contre lui que toutes les opinions doivent se réunir.

» Tout ce qui aime sincèrement la patrie, tout ce qui sent le prix d'un gouvernement paternel et d'une liberté garantie par les lois, ne doit plus avoir qu'une pensée, de détruire l'oppresseur qui ne veut ni patrie, ni gouvernement, ni liberté. Tous les Français, égaux par la constitution, doivent l'être aussi pour la défendre. C'est à eux tous que nous adressons l'appel qui doit les sauver tous. Le moment est venu de donner un grand exemple : nous l'attendons de l'énergie d'une nation libre et valeureuse ; elle nous trouvera toujours prêt à la diriger dans cette entreprise, à laquelle est attaché le salut de la France... »

Par une bonté ineffable, le Roi avait conservé dans leurs emplois toutes les créatures de son ennemi ; il se vit trahi de toutes parts. Ne pouvant croire à la séduction des armées, il leur adressa la proclamation suivante, en date du 12 mars :

» Braves soldats, la gloire et la force de notre royaume, c'est au nom de l'honneur que votre Roi vous ordonne d'être fidèles à vos drapeaux ; vous lui avez juré fidélité, vous ne trahirez pas vos sermens. Un général que vous auriez défendu jusqu'au dernier soupir, s'il ne vous avait pas déliés par une abdication formelle, vous a rendus à votre Roi légitime. Confondus dans la grande famille dont il est le père et dont vous ne vous distinguerez que par de plus éclatans services, vous êtes redevenus mes enfans, je vous porte tous dans mon cœur; je m'associais à la gloire de vos triomphes, alors même qu'ils n'étaient pas pour ma cause; rappelé au trône de mes pères, je me suis félicité de le voir soutenu par cette brave armée, si digne de le défendre. Soldats, c'est votre amour que j'invoque, c'est votre fidélité que je réclame : vos aïeux se rallièrent jadis au panache du grand Henri; c'est son petit-fils que j'ai placé à votre tête, suivez-le fidèlement dans les sentimens de l'honneur et du devoir; défendez avec lui la liberté publique qu'on attaque; la Charte constitutionnelle qu'on veut détruire; défendez vos femmes, vos pères, vos enfans, vos propriétés contre la tyrannie qui les menace. L'ennemi de la patrie n'est-il pas aussi le vôtre ? N'a-t-il pas spéculé sur votre sang ; trafiqué de vos fatigues et de vos blessures ? N'est-ce pas pour satisfaire son insatiable ambition qu'il vous conduisait, à travers mille dangers, à d'inutiles et meurtrières victoires ?

» Notre belle France ne lui suffisant plus, il épuiserait de nouveau la population entière pour aller aux extrémités du monde, payer de votre sang de nouvelles conquêtes. Défiez-vous de ses perfides promesses : votre Roi vous appelle, la patrie vous réclame. Que l'honneur vous fixe invariablement sous vos drapeaux. C'est moi qui me charge de vos récompenses ; c'est dans vos rangs, c'est parmi l'élite des soldats fidèles que je vous choisirai des officiers : la reconnaissance publique paiera tous vos services ; encore un effort, et vous jouirez bientôt de la gloire et du repos glorieux que vous avez mérités.

» Marchez donc sans balancer, braves soldats, à la voix de l'honneur; arrêtez vous-mêmes le premier traître qui voudra vous séduire. Si quelques-uns d'entre vous avaient déjà prêté l'oreille aux perfides suggestions des rebelles, il est encore temps qu'ils rentrent dans les sentiers du devoir. La porte est encore ouverte au repentir; c'est ainsi que plusieurs escadrons qu'un coupable voulait égarer, près de La Fère, l'ont eux-mêmes forcé à s'éloigner. Que cet exemple profite à toute l'armée; que ce grand nombre de corps restés purs, qui ont refusé de se réunir aux rebelles, serrent leurs bataillons pour attaquer et repousser les traîtres, et persévèrent dans leurs bonnes dispositions. Soldats, vous êtes Français, je suis votre Roi; ce n'est pas en vain que je confie à votre courage et à votre fidélité le salut de notre chère patrie. »

Au moment où Louis XVIII parlait aux armées le langage de l'honneur, des généraux bien coupables leur faisaient entendre le cri de la sédition. Un Labédoyère viola le premier son serment de fidélité; il donna l'exemple de la trahison en passant du côté de Bonaparte avec sa troupe, et en engageant, par une adresse répandue ayec profusion, les autres régimens à l'imiter. Bientôt après, parut cette autre proclamation du maréchal Ney, dans laquelle ce traître, que le Roi avait investi de toute sa confiance, déclarait la cause des Bourbons à jamais perdue. Ces actes d'un odieux parjure et de la plus noire perfidie, déchirèrent le cœur du Roi. Il prévit dès-lors les maux effroyables qui allaient affliger la patrie. En effet, les souverains alliés qui avaient juré de ne jamais reconnaître l'homme qui s'était plu à ravager l'Europe, publièrent, le 13 mars, la déclaration suivante :

« Les puissances qui ont signé le traité de Paris, réunies au congrès à Vienne, informées de l'évasion de Napoléon Bonaparte, et de son entrée à main armée en France, doivent à leur propre dignité et à l'intérêt de l'ordre social, une déclaration solennelle des sentimens que cet événement leur a fait éprouver.

» En rompant ainsi la convention qui l'avait établi à l'île d'Elbe, Bonaparte détruit le seul titre légal auquel son existence se trouvait attachée. En reparaissant en France avec des projets de troubles et de bouleversement, il s'est privé lui-même de la protection des lois, et a manifesté, à la face de l'univers, qu'il ne saurait y avoir ni paix ni trêve avec lui.

» Les puissances déclarent, en conséquence, que Napoléon Bonaparte s'est placé hors des relations civiles et sociales, et que, comme ennemi et perturbateur du repos du monde, il s'est livré à la vindicte publique.

» Elles déclarent en même temps que, fermement résolues de maintenir intact le traité de Paris du 30 mai 1814, et les dispositions sanctionnées par ce traité, et celles qu'elles ont arrêtées ou qu'elles arrêteront encore pour le compléter et le consolider, elles emploieront tous leurs moyens et réuniront tous leurs efforts pour que la paix générale, objet des vœux de l'Europe et but constant de leurs travaux, ne soit pas troublée de nouveau, et pour la garantir de tout attentat qui menacerait de replonger les peuples dans les désordres et les malheurs des révolutions.

» Et quoiqu'intimement persuadés que la France entière, se ralliant autour de son souverain légitime, fera incessamment rentrer dans le néant cette dernière tentative d'un délire criminel et impuissant, tous les souverains de l'Europe, animés des mêmes sentimens, et guidés par les mêmes principes, déclarent que si, contre tout calcul, il pouvait résulter de cet événement un danger réel quelconque, ils seraient prêts à donner au Roi de France et à la nation française, ou à tout autre Gouvernement attaqué, dès que la demande en serait formée, les secours nécessaires pour rétablir la tranquillité publique, et à faire cause commune contre tous ceux qui entreprendraient de la compromettre. » (1)

Dans une conjoncture aussi délicate, le

―――――――――――――

(1) Il est évidemment reconnu que l'abdication du Roi, de toute la Famille Royale, sans rien changer aux dispositions hostiles des puissances étrangères, n'aurait qu'aggravé les suites de l'invasion, par l'énorme malheur de l'inévitable partage du territoire. Celui qui nous avait fait Corses, a risqué de nous faire Autrichiens, Anglais, Prussiens, Espagnols : Louis XVIII seul nous a faits et nous a conservés Français.

danger pressant autorisait peut-être le Roi à exercer une dictature momentanée ; mais renonçant volontairement à cette faculté, il donna à la nation un gage indubitable de ses intentions paternelles, en convoquant le pouvoir législatif, en ne voulant rien faire sans le secours de la loi.

Le 16 mars, le Monarque se rendit à la chambre des députés. Là, entouré des Princes de sa famille, il prononça le discours suivant :

« Messieurs, dans ce moment de crise qui, ayant pris naissance dans une partie du royaume, menace la liberté de tout le reste, je viens au milieu de vous resserrer ces liens qui, vous unissant avec moi, sont la force de l'État; je viens, en m'adressant à vous, exposer à toute la France les sentimens qui m'animent.

» J'ai revu ma patrie ; je l'ai réconciliée avec toutes les puissances étrangères qui seront, n'en doutez pas, fidèles aux traités qui nous ont rendu la paix.

» J'ai travaillé au bonheur de mon peuple, j'ai recueilli, je recueille tous les jours les marques les plus touchantes de son amour : pourrais-je, à soixante ans, mieux terminer ma carrière, qu'en mourant pour sa défense ?...

» Je ne crains donc rien pour moi, mais je crains pour la France. Celui qui vient parmi nous allumer les torches de la guerre civile y apporte aussi le fléau de la guerre étrangère. Il vient pour mettre notre patrie sous son joug de fer. Il vient enfin détruire cette Charte constitutionnelle que je vous ai donnée; cette Charte, mon plus beau titre de gloire aux yeux de la postérité; cette Charte, que tous les Français chérissent, et que je jure de maintenir.

» Rallions-nous sous nos étendards sacrés. Les descendans d'Henri IV s'y rendront les premiers : ils seront suivis par tous les Français.

» Enfin, messieurs, que le concours des deux chambres donne à l'autorité la force qui lui est nécessaire; et cette guerre vraiment nationale, prouvera, par son heureuse issue, ce que peut un grand peuple uni par l'amour de son Roi et de la loi fondamentale de l'Etat. »

Quel spectacle à la fois majestueux et touchant, que celui de ce Monarque auguste, dont le front, sillonné par la douleur, offrait en quelque sorte au peuple et à l'armée, dans leurs représentans, son diadême trempé de larmes! A ce tableau imposant succéda une scène non moins attendrissante. MONSIEUR, après avoir juré sur l'honneur de vivre et de mourir fidèle au Roi et à la Charte, reçut, dans les embrassemens de son auguste frère, la première récompense de ce serment patriotique, également prêté à la nation et au Roi par M. le duc de Berry. L'assemblée toute entière, électrisée par la franchise et par le dévouement des Princes, se leva d'un mouvement rapide et simultané. Bientôt des larmes coulèrent de tous les yeux; et du fond des cœurs, profondément émus, sortirent ces cris mille fois répétés : *Vive le Roi! Mourons tous s'il le faut pour le Roi!* Ces acclamations retentissant de toutes parts, à la sortie des Princes, se prolongèrent sur toute leur route, répétées par la garde nationale, par les soldats et par la multitude qui, des Tuileries jusqu'au palais des chambres, inondait le passage du cortége.

Le Roi connaissait bien les sentimens de la majorité de son peuple. Toutes les gardes nationales du royaume, cette partie saine de la nation, voyaient avec épouvante l'audacieux qui s'avançait à grands pas. Mais elles n'avaient pas de moyens suffisans pour l'arrêter, et les forces de l'usurpateur s'accroissaient à chaque instant des traîtres qu'il trouvait sur sa route. Le Monarque cherchant tous les moyens d'éviter aux paisibles habitans de son royaume le fléau d'une guerre étrangère, adressa le 18 mars ces nouvelles paroles à l'armée française :

« Officiers et soldats, j'ai répondu de votre fidélité à toute la France, vous ne démentirez pas la parole de votre Roi. Songez que si l'ennemi pouvait triompher, la guerre civile serait aussitôt allumée parmi nous, et qu'à l'instant même plus de trois cent mille étrangers, dont je ne pourrais plus enchaîner les bras, fondraient de tous côtés sur notre patrie. Vaincre ou mourir pour elle, que ce soit là notre cri de guerre.

» Et vous qui suivez en ce moment d'autres

drapeaux que les miens, je ne vois en vous que des enfans égarés : abjurez donc votre erreur, et venez vous jeter dans les bras de votre père : et, j'y engage ici ma foi, tout sera sur-le-champ mis en oubli.

» Comptez tous sur les récompenses que votre fidélité et vos services vous auront méritées. »

Hélas! dans deux jours l'ennemi des Bourbons devait être dans la capitale. Une multitude de sujets fidèles avaient offert leurs bras au Roi, ils avaient juré de le défendre jusqu'à la dernière goutte de leur sang. Ils sollicitaient comme une faveur de marcher à la rencontre du Corse, et de périr, s'il le fallait, pour en purger la terre. Ces preuves d'un généreux dévouement soulagèrent l'âme attristée du vertueux Monarque; mais il ne voulut point sacrifier ses serviteurs fidèles. Ce Prince abandonna le lieu de sa résidence royale lorsqu'il eût acquis la conviction que sa présence exciterait son barbare ennemi à y apporter le massacre et l'incendie : les Rois légitimes, et les Rois légitimes seuls, savent se dévouer pour leurs peuples.

La nuit du 19 au 20 mars, Louis XVIII quitta donc le palais de ses ancêtres, et prit la route de Lille. Comment dépeindre ses touchans adieux à la garde nationale de service auprès de sa personne ! On se traînait sur ses pas, on baisait ses mains, ses habits, il tendait ses bras paternels à tous ses enfans, il leur donnait l'assurance de le revoir bientôt, et de remonter sur son trône, affermi désormais par cette cruelle circonstance même.... C'est alors que cette troupe de zélés défenseurs, dont je me glorifierai toujours d'avoir fait partie, suivit, escorta son Roi, et lui fit un rempart contre les bandes farouches de son cruel persécuteur. Il part, cet auguste Souverain, non comme un fugitif, mais comme un maître qui va reprendre les rênes de l'Etat et les arracher à des mains infidèles. Fort de ses droits, de l'amour de son peuple et de la justice de sa cause aux yeux du monde entier, il se retire aux confins de ses Etats pour empêcher le massacre de ses fidèles sujets dans toutes les parties de son royaume.

Comparons ce départ avec celui de Bonaparte

quittant la France en 1814. Dans le trajet de Fontainebleau à l'île d'Elbe, Bonaparte avait été accueilli partout sur son passage aux cris de *Vive le Roi! vivent les Bourbons! A bas l'empereur! à bas le tyran!* Outre les malédictions dont il avait été accablé, il y avait eu des émeutes en plusieurs endroits; on avait voulu l'arracher de sa voiture; les femmes, surtout, lui reprochant d'avoir été le bourreau de leurs enfans, l'eussent mis en pièces, sans le secours des commissaires russes, autrichiens, anglais et prussiens qui l'accompagnaient. Pour se soustraire à la fureur du peuple, il avait pris tantôt le déguisement d'un postillon, et galoppait lui-même dans cet état misérable devant sa propre voiture; tantôt il n'avait trouvé de sûreté pour sa vie qu'en se revêtant de l'uniforme du général Koller, (commissaire pour l'Autriche); tantôt enfin il se faisait passer pour le colonel Campbell (commissaire pour l'Angleterre). Ses domestiques, ayant couru le risque d'être assommés, avaient reconnu la nécessité, non-seulement d'ôter leurs habits de livrée et d'arborer la cocarde blanche, mais ils s'étaient vus contraints, pour éloigner tout soupçon qu'ils appartenaient à l'oppresseur de la France, de jeter de l'argent au peuple, en criant comme lui : *Vive le Roi ! vivent les Bourbons ! A bas l'empereur ! à bas le tyran !* Ces faits sont irrécusables : comment Bonaparte et ses adhérens osaient-ils avancer que la nation avait désiré son retour !

Au contraire, Louis XVIII, dans son trajet de Paris à Gand, n'entendit aucune injure, ne reçut aucun outrage personnel. Ses peuples étonnés, stupéfaits de l'audace de l'usurpateur, n'eurent pas le courage de se lever spontanément pour déjouer son horrible entreprise ; voilà le tort dont nous subissons tous la peine aujourd'hui : du reste, il est évident que Bonaparte ne fut secondé que par des soldats qu'égarèrent quelques chefs perfides, par les régicides, et par la classe des vagabonds, toujours avide de désordres dans l'espoir du pillage ; certes, cela ne forme pas le peuple français ; et Louis XVIII fut à même de vérifier combien la nation savait reconnaître la différence qu'il y a entre un bon Prince et un cruel ambitieux. Mais terminons ce parallèle : n'est-ce pas même outrager la dignité du légitime Souverain, d'oser placer son nom auguste à côté de celui d'un homme à qui cette dernière et affreuse catastrophe n'a laissé aucun moyen d'échapper à la malédiction de la génération présente et des races futures ?

Le départ du Roi répandit le deuil et l'épouvante dans toute la France. Je tenterais vainement de décrire ici le morne silence qui régna dans Paris le 20 mars ; Tacite seul aurait pu en tracer toute l'horreur....

Enfin, l'usurpateur est aux portes de la capitale. Semblable à cet oiseau de sinistre augure, dont le jour blesse les yeux, il s'enveloppe des ténèbres ; c'est au milieu des ombres de la nuit qu'il fait son entrée : on dirait qu'il craint que la lumière n'éclaire un si grand attentat. Dans cette ville immense de Paris, il y a une tourbe méprisable qui n'a point d'état, point d'instruction, point de volonté ; qui appartient à quiconque veut l'acheter ou s'en emparer ; qui est toujours prête à se révolter contre les Princes qui la gouvernent avec bonté, et à tomber aux pieds des tyrans qui la mènent avec une verge de fer. Ce sont ces mêmes individus qui ont été les héros des 5 et 6 octobre, du 20 juin, du 10 août, des journées de septembre, du 21 janvier. On les vit sortir de leurs repaires le 20 mars ; ce sont eux qui vinrent remplir le Carrousel pour saluer l'homme qu'ils appelaient leur empereur; et Bonaparte flatta toute cette écume de nos révolutions qui, naguères, était l'objet de ses mépris. Ses conseillers, les lâches qui avaient trahi le Roi et ourdi cette infâme conspiration, vinrent aussi rendre leurs devoirs à leur maître ; sa présence fit rayonner de joie ces êtres immoraux qui ont secoué tout principe de religion pour s'affranchir du joug de leur conscience.

Un homme devenu l'objet de la risée publique, à force d'avoir été ridiculisé par tous les partis, reparut sur l'horison comme archichancelier de l'Empire et ministre de la justice; celui qui avait accepté la cruelle mission de se saisir du duc d'Enghien, fut nommé ministre des relations extérieures ; l'audacieux apologiste du régicide, ce farouche républicain, voulut bien s'abaisser à recevoir, par un décret spécial, le titre de *Comte*, et devenir le ministre et l'esclave d'un odieux tyran.... Bonaparte, qui dut le mépriser en ce moment, lui confia le ministère de l'intérieur.

En recommençant sa carrière, l'usurpateur dut caresser les opinions et les principes de ceux qui lui avaient frayé de nouveau le chemin au trône; il était tombé de trop haut pour reprendre tout-à-coup son sceptre de fer : on le voit prendre un nouveau masque, et baisser son front orgueilleux dans la poussière, en présence de ces misérables niveleurs, de ces forcenés démagogues de 93. Le nom de Napoléon n'était, pour les révolutionnaires, qu'un point de ralliement, et non un but, puisque les plus actifs étaient des êtres pervers qu'il avait éloignés des places, et qui avaient été tenus en surveillance sous son propre gouvernement. Bonaparte s'était promis de faire rentrer les jacobins dans le néant, aussitôt que la paix ou une guerre heureuse aurait assuré son Etat : et de leur côté, les jacobins profitaient de sa faiblesse actuelle pour cimenter une telle puissance, que, s'il triomphait de l'étranger, il ne pût pas aisément triompher d'eux. Bonaparte et les révolutionnaires se craignaient, se trompaient réciproquement : le besoin seul les unissait.

Donnant essor à son caractère astucieux, le déserteur de l'île d'Elbe ose essayer de faire croire qu'il ne vient que pour travailler à la paix et au bonheur de l'Europe ; comme si l'Europe avait pu oublier que ce n'était que depuis son éloignement qu'elle goûtait le repos ; comme si chaque peuple n'avait point vu les sources de la prospérité publique se tarir dans tous les pays soumis à son influence. Quel est, je ne dirai pas le Souverain, mais seulement l'homme doué de quelques idées qui eut assez peu réfléchi au caractère de Bonaparte, pour croire qu'il se fût défait tout-à-coup des principes perfides qui avaient toujours été la base de sa conduite ? De Cannes, où il débarqua, jusqu'à Paris, n'avait-il pas répété avec emphase que l'Autriche était dans ses intérêts, que l'Angleterre avait favorisé son évasion et appuyait ses desseins, qu'il avait en poche une trève de vingt ans avec toutes les puissances, enfin, que Marie-Louise et son fils allaient arriver à Paris?

Le fourbe ! à peine est-il assis sur ce trône qu'il vient d'envahir, que paraît ce manifeste des puissances qui le déclarent hors des relations sociales, et appellent sur sa tête coupable la vindicte publique. L'Italie, les bords du Rhin, sont inondés de troupes allemandes ; l'Angleterre jette chaque jour de nouveaux bataillons sur le continent. Une nouvelle alliance va bientôt appeler tous les Rois de l'Europe à de nouveaux combats; enfin, Marie-Louise et son fils ne quittent point Vienne, malgré tous les moyens que l'hypocrite emploie pour les en arracher..... Princesse infortunée ! que vos vertus soient désormais l'ornement d'une cour qui saura les apprécier ! Dieu ne forma jamais ces liens qui vous retinrent, hélas ! trop long-temps dans le plus honteux esclavage ! Nouvelle Iphigénie, vous fûtes traînée à l'autel des holocaustes ; et votre auguste père, consterné des malheurs de son peuple, crut apaiser la colère des cieux en sacrifiant sa fille chérie! Dieu vous prit sous sa protection, en vous séparant pour jamais du barbare qui s'était cru votre époux, de sa famille si connue par ses déréglemens, de sa cour, d'où la vertu était bannie, où le crime, la corruption, l'inceste, tous les vices enfin, avaient des autels. (1)

Bonaparte écrivit à tous les souverains armés contre lui, non en conquérant menaçant

---

(1) Pour éteindre tout esprit de parti, prévenir toute espèce de discussion que pourraient susciter des hommes ennemis du repos et de la tranquillité des peuples, cette Princesse a signé, le 14 septembre, au château de Schœnbrunn, un acte par lequel elle renonce formellement, pour sa personne et celle de son fils, au titre de *Majesté*, et à toute prétention quelconque à la couronne de France. S. A. I. prendra désormais les titres d'archiduchesse d'Autriche et de duchesse de Parme; son fils sera appelé le prince héréditaire de Parme. Cet acte, lu avec solennité par M. le conseiller d'Etat de Hondelisse, a été présenté à la signature par M. le prince de Metternich, faisant les fonctions de chancelier de cour et d'Etat. Ensuite le grand-maître du palais de l'archiduchesse, M. le marquis de Sanvitali, a lu cet acte en présence de toutes les personnes attachées à la cour de la Princesse.

de porter de nouveau dans toutes les capitales de l'Europe ses aigles triomphantes, mais en prince débonnaire qui voulait vivre en paix et en bonne intelligence avec tous ses voisins. Les puissances étrangères ne se laissèrent point surprendre par ces trompeuses démonstrations. Elles n'avaient que trop appris à connaître l'astuce de ce rusé caméléon. Les traités les plus sacrés, auquel Napoléon lui-même avait souscrit à Fontainebleau, les liaient à l'auguste personne de Louis XVIII; elles ne devaient reconnaître et elles ne reconnurent que lui pour légitime souverain de la France : en conséquence elles refusèrent toute communication avec l'usurpateur.

Pour multiplier les complices de son usurpation, Bonaparte convoqua un prétendu *Champ-de-Mai*; il y proclama, au milieu des baïonnettes, une série d'articles qu'on nomma l'acte additionnel d'une constitution que l'on devait faire; et par cet acte, la maison de Bourbon était bannie pour toujours. L'élite de la France, cette masse instruite, éclairée, repoussa l'homme qui, par le plus grand des crimes, voulait séparer à jamais les Français de leur légitime souverain; elle exécra celui qui remettait en vigueur les lois de la convention, de cette assemblée monstrueuse, dont les souvenirs sont écrits dans tous les cœurs en longues traces de sang.

Toutes les classes de la société furent admises à donner leur sanction à l'acte additionnel; toutes les manœuvres furent employées pour attirer quelques suffrages. L'armée, qui ne doit jamais être délibérante, fut appelée à grossir les registres; on y remarqua un grand nombre de croix, parce que, sans doute, cela était plutôt fait que d'imaginer une signature. Le tout a été additionné; eh bien, on ne compte encore que 1,500,000 suffrages! Et voilà ce gouvernement que les partisans de l'usurpateur ne cessaient de représenter comme environné de l'amour de tous les Français! Les faits parlent ici; le raisonnement est inutile pour prouver que cette proscription de la dynastie des Bourbons a été repoussée avec horreur par l'immense majorité des Français. Cet acte additionnel a été comme la pierre de touche destinée à faire connaître au Roi, mieux que par des paroles et des adresses, le nombre de ses fidèles sujets : leur silence a été le témoignage muet, mais expressif, de leur attachement à son auguste personne.

Bonaparte appela des députés parmi lesquels on vit reparaître les hommes les plus tarés de la convention, ces vieux anarchistes intéressés à continuer la désolation de l'humanité (1). On devait s'attendre à d'atroces, à de

---

(1) Ces chambres qui parlèrent toujours au nom de la nation n'en avaient point reçu le pouvoir ; elles se composaient des envoyés de quelques séditieux, et non pas des députés de la nation. Qu'on dépouille les procès-verbaux des différens colléges, on verra que celui de Bordeaux, qui devait être composé de trois cents électeurs, n'eût que vingt-huit votans ; que les députés de Marseille ne réunirent que huit suffrages ; que partout les nominations furent aussi inégales. Si ces assemblées n'eussent eu l'ordre de franchir, de violer toutes les règles sur lesquelles elles ont été établies, et d'après lesquelles seules elles peuvent délibérer, il n'y aurait pas eu un seul collége électoral de département ou d'arrondissement qui eût été assez nombreux pour choisir des députés.

dégoûtantes déclamations contre Louis XVIII et les Bourbons : en effet, le Roi, disait-on, avait voulu rétablir les corvées, les droits seigneuriaux, les dîmes, la féodalité; il avait anéanti toute indépendance nationale, et, pendant cette première année de son règne, nous avions été accablés sous le poids du malheur. Vils hypocrites! durant cette année qui a passé avec la rapidité de l'éclair, la France, jouissant de la paix la plus profonde, essuyait les traces de sang qui restaient de vos exploits passés, elle eut voulu effacer jusqu'au souvenir de vos crimes. Jamais elle n'avait joui d'autant d'indépendance, et ce ne fut qu'à l'apparition de votre chef qu'elle retomba dans l'esclavage et la honte.

A la première nouvelle de cette apparition, l'indomptable Vendée, qui avait déployé un si noble courage pendant la révolution, résolut de signaler de nouveau son amour pour les fils de Saint-Louis. Animés par la présence du duc de Bourbon, ces hommes fidèles reprirent aussitôt les armes aux cris de *Vive le Roi;* et, dirigés par l'habile et intrépide marquis de la Roche-Jaquelein, ils s'étendirent bientôt avec une rapidité qui porta l'épouvante dans l'âme de l'usurpateur. Les amis du Roi admirèrent le courageux dévouement de ces provinces, et nombre de sujets fidèles accoururent de toutes parts se ranger sous les drapeaux vendéens. Ces braves ne déposèrent les armes que quand Louis XVIII fut remonté sur son trône.

Bonaparte trouva également dans le midi une opposition vigoureuse et toujours croissante ; la bravoure qu'y déploya Mgr le duc d'Angoulême, l'héroïque courage de MADAME, à Bordeaux, de MONSIEUR et du duc d'Orléans à Lyon, et en général l'intrépide activité de tous les princes de la famille royale, arrachèrent des éloges à l'usurpateur lui-même.

Je dois dire ici un mot d'un autre événement politique fomenté en même temps que la conspiration de Bonaparte. Murat, placé par lui sur le trône de Naples, s'avança subitement pour attaquer les Autrichiens en Italie, et chercha à s'attirer ce peuple par des proclamations d'indépendance ; car l'indépendance est devenu le mot bannal de tous les ambitieux. Cette diversion en faveur de Napoléon était vantée par tous ses partisans comme l'expédition la plus sublime; et, parce que Murat débuta par quelques avantages, tous rêvaient déjà la conquête et un nouveau bouleversement de l'Europe. Les troupes napolitaines marchèrent en avant tant que les Autrichiens ne furent pas en forces suffisantes pour leur résister ; mais quand il leur fallut acheter la victoire, au lieu de se battre, elles abandonnèrent le chef auquel elles n'étaient point attachées par les liens du cœur. Murat, poursuivi sans relâche par les Autrichiens, et protégé seulement par un bataillon composé d'officiers italiens et français, se sauva dans Naples ; mais, ne pouvant s'y maintenir, il en sortit furtivement, et après avoir cotoyé la mer jusqu'en face de l'île d'Ischia, il s'embarqua sur un bâtiment de l'île d'Elbe, qui le conduisit à Cannes, où il débarqua le 25 mai. Ce rivage de Cannes, où, quelques mois auparavant, était descendu Bonaparte, sera regardé dans l'histoire comme la terre de feu où sont venus s'engloutir l'oppresseur de la France et son plus fameux lieutenant (1).

Ce renversement de Murat était le prélude de celui de Bonaparte. Ce dernier, voulant prévenir la réunion des forces des alliés, s'était hâté d'attaquer les troupes Prussiennes et Anglaises réunies près de Charleroy. Les premiers bulletins ne parlèrent que de victoires : l'usurpateur faisait déjà fuir Wellington épouvanté, il embarquait à la hâte les Anglais, et, d'un trait de plume, il écrasait en masse les Prussiens. Les Français se voyaient condamnés à entendre chaque jour répéter les triomphes mensongers de nos armées; on s'attendait à voir, comme en 1814, les alliés s'avancer, de défaites en défaites, jusques sous les murs

---

(1) Après la catastrophe de Bonaparte, Murat retourna dans le royaume de Naples, où il parodia l'entreprise de son patron, en répandant des proclamations dans lesquelles il parlait aussi du concours de l'Autriche, et annonçait l'arrivée prochaine de la Reine et de son fils. Mais il ne fit ni dupes ni victimes. Débarqué le 8 octobre, il fut arrêté le même jour, condamné à mort comme un rebelle pris les armes à la main, et fusillé le 15 dans le fort de Pizzo.

de la capitale. Mais une bataille terrible et décisive anéantit en un seul jour toutes les espérances criminelles du Corse. A Waterloo, ainsi qu'en Egypte, en Espagne, à Moscou, à Leipsick, il fuit lâchement, après avoir livré au fer et au feu de l'ennemi, par un délire sans exemple, cent mille braves dont on avait égaré le courage, et dont la vie fut sacrifiée sans gloire; il accourt à Paris, annoncer lui-même sa défaite. Cette armée avait combattu aussi courageusement que si elle eût défendu une bonne cause. L'histoire consignera ces paroles mémorables de la vieille garde qui, sommée de se rendre, répondit : « La garde impériale meurt et ne se rend pas. » N'était-il pas du devoir de Bonaparte de mourir sur le champ de bataille, en combattant jusqu'au dernier moment avec ceux qui se sacrifiaient ainsi pour lui; n'est-il pas honteux pour un homme aussi plein d'orgueil, d'avoir survécu à des soldats qui lui donnaient un si courageux exemple !

Le 20 mars, Bonaparte était entré dans la capitale, sous l'apparence de la joie; le 20 juin il y arrive abattu, consterné; et les hommes qui l'ont rappelé en France le forcent eux-mêmes à abdiquer un pouvoir qu'il avait si indignement usurpé. Son règne éphémère n'a donc duré que trois mois; mais durant ces trois mois, il a dépensé 600 millions, sacrifié 150,000 Français, allumé la guerre civile, du nord au midi, de l'orient à l'occident de la France, et ramené l'Europe entière dans notre patrie.

Ceux qui ne veulent point qu'il ait fui comme un lâche, prétendent qu'il était accouru demander une levée extraordinaire d'hommes et d'argent. Croyait-il donc que les alliés lui donneraient le temps d'effectuer de nouvelles levées, et que la masse des Français voudrait soutenir une cause aussi injuste? Soit que les chambres redoutassent un despote accoutumé à ne rien respecter, soit qu'elles craignissent le châtiment annoncé aux adhérens de l'usurpateur, elles s'empressèrent d'arracher le pouvoir de ses mains, et le forcèrent à abdiquer. Mais que l'on juge du délire orgueilleux de Bonaparte : cet homme qui, un an auparavant, avait déposé sans restriction, à Fontainebleau, une couronne qu'il n'était plus en état de défendre, se crut cette fois le droit d'imposer aux Français de repousser un Roi vénérable, légitimement reconnu par eux, pour adopter un enfant de quatre ans, fils de leur plus cruel oppresseur.

Le 22 juin, le ministre de l'intérieur apporta à la chambre des pairs la déclaration par laquelle Bonaparte annonçait que sa vie politique était terminée. A la suite de la lecture de cet acte, l'autère républicain, en parlant des armées, voulut s'aviser de suivre ce système de mensonge dont il avait puisé la tactique dans les comités de la convention. C'est alors que le maréchal Ney s'écria avec l'accent d'un guerrier : « Dans ces circonstances importantes, on doit la vérité à la nation. L'ennemi peut passer partout... Il peut être dans six à sept jours à Paris. Vous n'avez d'autre voie de salut public que d'entrer en négociation. »

En effet, le 28 juin on entendit des barrières la canonnade, et Paris fut déclaré en état de siége. On vit alors les députés de Bonaparte prétendre eux-mêmes usurper l'Empire, et oser retracer à nos yeux la dégoûtante parodie des clubs révolutionnaires. Ces frénétiques auraient sacrifié Paris, l'armée, la France, à leurs intérêts, à leurs passions et au triomphe de leur système anarchique. D'anciens conventionnels firent entendre de nouveau ces vociférations dont nous gardions un effrayant souvenir ; des hommes nouveaux dans nos assemblées publiques le disputèrent en fureurs avec ces vieux démagogues, pour soulever toutes les passions de la populace, et montrèrent une cruelle émulation dans cette lutte anti-sociale.

Ces chambres nommèrent une commission de gouvernement composée de cinq membres. L'homme qui avait été se saisir du duc d'Enghien, et l'apologiste du régicide, en firent partie. L'on n'avait point été surpris de voir l'ancien membre du comité de salut public, ce républicain de 1793, vendre en 1815 ses services au tyran le plus absolu qui ait jamais existé : on sait que tous ces prétendus apôtres de la république n'étaient que des factieux avides de richesses, ou tourmentés de la soif

17*

du pouvoir. Ils eussent voulu gouverner de nouveau la France sous le nom du fils de Napoléon. Heureusement, cette fois le règne des agitateurs n'a pas été de longue durée, et tous ces ambitieux, traînés depuis vingt-cinq ans d'assemblées en assemblées, et de parjures en parjures, sont venus terminer pour jamais, au milieu des satellites de Bonaparte, leur carrière révolutionnaire.

Pendant que ces choses se passaient dans la capitale, celui qui était venu jeter parmi nous des brandons de discordes, rallumer les haines éteintes, tirer de leur sommeil les partis assoupis et exciter toutes les vengeances, l'auteur de tous nos maux enfin, s'éloignait vers nos ports, avec l'intention de passer aux Etats-Unis d'Amérique, et roulant peut-être encore dans sa tête, pour une autre époque, le projet de venir une troisième fois bouleverser la France et soulever toute l'Europe.

Mais les croisières anglaises suivaient tous ses mouvemens. Arrivé à Rochefort, il trouva le port étroitement bloqué. Par quelle fatalité ces mêmes vaisseaux ne lui avaient-ils pas fermé le passage de son île, trois mois auparavant! Pourquoi faut-il que l'évasion d'un seul homme ait frayé à l'Europe entière le chemin de notre malheureux pays!... Ne voyant donc aucune possibilité de tromper la surveillance des Anglais, Bonaparte, qui avait dit aux siens, à l'ouverture de la campagne : *Pour tout Français qui a du cœur, le moment est arrivé de vaincre ou de mourir*, va tendre lui-même ses mains aux fers qui l'attendaient.... Les Anglais le reçurent à bord de leurs vaisseaux, comme prisonnier, et, d'accord avec les souverains alliés, le reléguèrent sur le rocher de Sainte-Hélène, au sein de l'Atlantique, où, livré entièrement à lui-même, il peut méditer sur les maux innombrables que son insatiable ambition a causés à la France.

QUATRIÈME PARTIE.

Seconde déclaration des puissances alliées. — Proclamation du Roi. — Louis XVIII à Gand. — Sa déclaration à la nation française. — Preuve d'amour de la garde nationale parisienne. — Adresse du Roi aux soldats français. — Sa proclamation en rentrant à Cambrai. — Exposé des reproches faits à l'administration du Roi. — Preuve convaincante des sentimens de la nation. — Capitulation de l'armée française devant Paris. — Elle se retire de l'autre côté de la Loire. — Conduite des chambres. — Rentrée du Roi dans Paris. — Soumission de l'armée de la Loire. — Jugement et condamnation de Labédoyère. — Réorganisation de l'armée par légions départementales. — Juste répartition des impôts. — Repression des bruits perfides. — Fête du Roi. — Troubles dans le Midi. — Renouvellement du ministère. — Ouverture des chambres. — Loi contre les séditieux. — Traité de paix. — Conclusion.

Il nous est doux de contempler ici le noble tableau que présentait le congrès de l'Europe, lorsque la France, tout à coup replongée dans la désolation, veuve encore, ou plutôt orpheline de son Roi, n'entendait dans son sein que des cris de révolte, et voyait le monstre de l'usurpation étendre de nouveau sur elle ses mains ensanglantées et son sceptre de fer. C'était vers cette assemblée des Souverains de l'Europe, où notre Roi tenait sa place, que tournaient le plus souvent leurs yeux mouillés de pleurs ces sujets fidèles sur lesquels il n'a jamais cessé de régner. Là s'élevait, sur les saintes bases de la foi publique, le trône de ce Prince, héritier de tant de droits sacrés et de tant de cruelles infortunes. Au sein de cette assemblée imposante, l'ambassade française conserva toujours sa noble attitude; on ne s'apercevait pas au congrès que Louis XVIII ne fût plus au Louvre.

Le 2 avril, les Souverains étrangers firent paraître cette seconde déclaration :

« Les puissances alliées, réunies à Francfort, pour se rapprocher du foyer renaissant de la guerre Européenne, voulant faire connaître au monde et leurs sentimens sur ce qui vient de se passer en France, et leurs desseins, déclarent qu'elles se garantissent mutuellement leurs trônes et leurs Etats ; qu'elles regardent la légitimité des Princes comme la sauve-garde de la tranquillité intérieure des peuples, et qu'elles sacrifieront tout pour que cette légitimité soit partout respectée.

» En conséquence, elles accordent dix jours à Napoléon Bonaparte pour quitter la France et rentrer dans l'île que la clémence des alliés lui laisse, et dix jours à l'armée française pour rentrer sous l'obéissance de Louis XVIII.

» Ce délai passé, sans que l'ordre soit rétabli, les puissances alliées proclament Napoléon Bonaparte et les armées françaises ennemis irréconciliables de la France et de l'Europe, et feront marcher les troupes combinées d'Allemagne, d'Angleterre et de Russie, pour replacer sur son trône un Prince que des droits imprescriptibles et sacrés y rappellent. »

Le même jour, Louis XVIII adressa à ses sujets cette proclamation :

« Français ! celui qui vous a trompés pendant dix ans est venu vous tromper encore. Quinze jours se sont à peine écoulés depuis que, par la trahison, il s'est assis sur le trône où vos vœux m'avaient rappelé, et déjà l'Europe est infestée de ses mensonges; mais l'Europe le connaît, et l'Europe indignée, s'avance pour l'anéantir!

» Elle s'avance, Français! ses innombrables phalanges vont bientôt franchir vos frontières; mais l'Europe n'est plus votre ennemie: je vous ai réconciliés avec elle.

» Désormais vous ne devez plus voir dans ces étrangers, autrefois si redoutables, que des alliés généreux qui viennent vous aider à secouer le joug de l'oppresseur. Tous les soldats de l'Europe marchent sous le même étendard, qui est celui des Lis.

» Affaibli par l'âge et vingt-cinq années de malheurs, je ne vous dirai point comme mon aïeul: *Ralliez-vous à mon panache blanc!* mais je le suivrai pour vous aux champs d'honneur.

» Français! s'il en est parmi vous qu'une vaine illusion de gloire peut avoir égarés, mes bras vous sont ouverts; venez vous y jeter, et je croirai que vous ne m'avez pas quitté. Si vous restez rebelles, je ne pourrai plus suspendre l'exécution des décrets de la justice.

» Français ! quel est celui de vous qui voudrait porter les armes contre moi ? Je ne suis point votre ennemi, je suis votre Roi, je suis le frère de Louis XVI. Je viens, comme Henri IV, combattre et vaincre une nouvelle ligue ; je viens une seconde fois vous apporter le bonheur et la paix. »

En reportant nos regards sur ce bon Monarque, nous voyons qu'il ne cessait lui-même d'avoir les yeux fixés sur son peuple, et d'appeler au repentir ceux qui avaient lâchement trahi leurs devoirs.

Le 23 mars, avant de quitter Lille, il rendit une ordonnance portant le licenciement de tous officiers et soldats des armées de terre et de mer, qui, se laissant entraîner par des chefs perfides, auraient participé à la révolte ou passeraient sous le commandement de Bonaparte ou de ses adhérens ; cette ordonnance enjoignait aux officiers et soldats de se rendre sur-le-champ dans leurs foyers.

Bonaparte et les traîtres qui le secondaient,

prirent toutes les précautions possibles pour que la connaissance de cet acte ne fût pas répandue en France. Néanmoins, un grand nombre d'officiers de tous grades, fidèles aux sermens de l'honneur, quittèrent les aigles de l'usurpateur, pour se ranger sous les drapeaux du vertueux Monarque.

Louis XVIII, obligé de quitter son royaume, choisit la ville de Gand pour son séjour, et y établit le siége provisoire de son gouvernement. C'est de là qu'il adressa à la nation française cette déclaration, en date du 24 avril :

« Le Roi était impatient de parler à ses peuples : il lui tardait de leur témoigner tout ce qu'avaient fait éprouver à son cœur ces marques de fidélité, ces consolations inexprimables qui lui ont été prodiguées dans toutes les villes, dans tous les villages, sur toutes les routes qu'il a traversées, lorsqu'il cherchait un point de réunion pour les fidèles défenseurs de son Etat, lorsqu'il demandait, sans pouvoir le trouver, un rempart derrière lequel ils eussent le temps de s'armer avec lui contre une trahison trop noire, trop basse pour n'avoir pas été imprévue.

» Mais, plus le Roi se sentait profondément ému de la fidélité de cette immense population française, et plus il se disait à lui-même que son premier soin devait être d'empêcher que, parmi les nations étrangères, la France ne fût calomniée, déshonorée, exposée à un mépris injuste, à une indignation non méritée, peut-être même à des dangers et à un genre d'attaque qui auraient pu paraître un châtiment juste d'une déloyauté supposée.

» Ce premier soin est rempli. Il l'a été avec un succès digne de la sollicitude de S. M., du zèle de ses ministres, et de la magnanimité de ses alliés.

» Les ambassadeurs et envoyés du Roi près des diverses cours Européennes, ses représentans au congrès de Vienne ont, d'après les instructions directes de S. M., établi partout la vérité des faits, et prévenu jusqu'à leur exagération.

» Toutes les puissances de l'Europe savent aujourd'hui que le Roi de France et la nation française, plus unis que jamais par tout ce qui peut resserrer les liens d'un bon Roi et d'un bon peuple, ont été subitement trahis par une armée infidèle à son Prince et à sa patrie, à l'honneur et à ses sermens ; que cependant, parmi les premiers généraux de cette armée, ceux dont les noms en faisaient la gloire, ou se sont ralliés aux drapeaux du Roi, ou du moins ont abandonné ceux de l'usurpateur ; que des chefs de corps et des officiers de tout grade suivent journellement cet exemple ; que même parmi cette multitude de soldats entraînés à une défection inconnue dans les fastes militaires, il en est un grand nombre que l'inexpérience a livrés à la séduction, que la réflexion a déjà ramenés au repentir, et dont l'égarement doit être mis tout entier à la charge de leurs corrupteurs.

» L'Europe sait enfin qu'excepté cette portion d'armée devenue indigne de sa gloire passée, et qui a cessé d'appartenir à la nation française ; excepté une poignée de complices volontaires qu'ont fournis à l'usurpateur des ambitieux sans mérite, des gens sans aveu et des criminels sans remords, la nation française toute entière, les bons citoyens des villes,

les bons habitans des campagnes, les corps et les individus, tous les sexes et tous les âges, ont suivi et rappelé le Roi, tous leurs vœux ont empreint sur chacun de ses pas un nouvel hommage de reconnaissance et un nouveau serment de fidélité.

» L'Europe sait que dans Paris, dans Beauvais, dans Abbeville, dans cette grande et glorieuse cité de Lille, dont la trahison occupait les portes et menaçait d'ensanglanter les murs, à la face et sous le glaive même des traîtres, tous les bras se sont étendus vers le Roi, tous les yeux lui ont offert le tribut de leurs larmes, toutes les voix lui ont crié : Revenez à nous ; revenez délivrer vos sujets. L'Europe sait et continue d'apprendre que ces invocations n'ont pas cessé de se renouveler ; que chaque jour elles arrivent au Roi non pas seulement de tous les points de cette frontière si éminemment loyale, mais de toutes les parties de son royaume les plus éloignées. Ainsi, les mêmes cris qui avaient retenti dans Lille se sont fait entendre dans Bordeaux, où la fille de Louis XVI a laissé le souvenir puissant (joint à tant d'autres) de son courage héroïque. Ainsi les mêmes contrées qui ont vu la première défection, ont vu aussi la première réunion de braves restés fidèles se rallier au panache de Henri IV.

» Un neveu du Roi, le gendre de Louis XVI, a marché à leur tête; sans compter leur nombre il a couru combattre la tyrannie et la rébellion; déjà plusieurs succès brillans lui en promettaient un qui eût été décisif; si des traîtres se sont encore trouvés là pour tromper son courage, le signal et l'exemple qu'il a donnés n'ont pas été perdus. On a vu qu'un héritier du trône ne craignait pas de mourir pour la défense de son pays : et les acclamations des peuples, le jour où il avait été vainqueur, leurs signes d'affliction où il a été trahi, ne sont pas seulement la consolation du présent, mais l'espoir de l'avenir.

» Eh ! (qu'il soit permis au Roi de le dire, et d'adoucir au moins sa douleur, dans une si triste épreuve, par le témoignage que lui rend la pureté de sa conscience) comment les sentimens dont tout son cœur est animé pour ses sujets ne lui eussent-ils pas assuré de leur part un pareil retour ? Qui osera démentir le Roi, lorsqu'il jurera devant Dieu, devant son peuple, que depuis le jour où la Providence l'a replacé sur le trône de ses pères, l'objet constant de ses désirs, de ses pensées, de ses travaux, a été le bonheur de tous les Français, la restauration de son trône, le rétablissement de la paix extérieure et intérieure, celui de la religion, de la justice, des lois, des mœurs, du crédit, du commerce, des arts; l'inviolabilité de toutes les propriétés existantes, sans aucune exception; l'emploi de toutes les vertus et de tous les talens, sans autre distinction ; la diminution présente des impôts les plus onéreux, en attendant leur prochaine suppression; enfin, la fondation de la liberté publique et individuelle, l'institution et la perpétuité d'une charte qui garantît pour jamais à la nation française ces biens inappréciables ?

» Que, si dans des circonstances d'une telle difficulté, à la suite d'orages si violens et si longs, parmi tant de maux à réparer, tant de piéges à découvrir, et des intérêts si contraires à concilier, on n'a pas pu franchir tous les obstacles, échapper à toutes les surprises, se préserver même de toutes les fautes, le Roi pourrait encore se flatter de l'assentiment de toutes les bonnes consciences, s'il disait que sa plus grande erreur a été de celles qui ne sortent que du cœur des bons Princes, et que ne commettent jamais les tyrans : c'est à leur pouvoir qu'ils ne veulent point de bornes ; c'est à sa clémence que le Roi n'en a pas voulu.

» Aussi éclairées sur les vraies dispositions de la France, d'autant plus fidèles à la noble tâche qu'elles s'étaient imposée, le 13 mars dernier, mais d'autant plus averties de ne pas confondre la loyauté opprimée avec la perfidie triomphante, les puissances réunies au congrès de Vienne ont signé, le 25 du même mois, un nouveau traité, par lequel, avant tout, elles se sont engagées à respecter religieusement l'intégrité du territoire et l'indépendance du caractère français ; à ne se présenter que comme les amies, les libératrices, ou plutôt les auxiliaires de la nation française ; à ne connaître d'ennemi que celui-là seul qu'elles ont déclaré l'ennemi du monde, qu'elles ont placé hors des relations civiles et sociales, et livré à la vindicte publique; enfin, à ne poser les armes qu'après l'irrévocable destruction de son pouvoir malfaisant, après la dispersion des factieux et des traîtres, qui, se plaçant par une irruption soudaine entre un souverain légitime et des sujets loyaux, ont arraché le Roi d'avec son peuple, et le peuple d'avec son Roi, pour le malheur de la France et du monde.

» Les puissances réunies en congrès ont fait plus encore. Certes, leur caractère et leur magnanimité connus et admirés de tout l'univers, n'eussent pas permis de concevoir un garant plus sacré de leur parole que leur parole même, et cependant elles ont cru qu'à ce garant il fallait encore en ajouter un autre; qu'elles ne pouvaient jamais ni assez tranquilliser le Roi sur la destinée de ses peuples, ni trop honorer la loyauté française dans la douleur qui l'accable et dans l'inactivité désespérante à laquelle on l'a réduite. Les puissances ont arrêté que l'accession du Roi serait demandée particulièrement pour le nouveau pacte qu'elles venaient de conclure. Leurs ambassadeurs sont venus apporter toutes ces communications à Sa Majesté ; ils lui ont présenté les nouvelles lettres de créance de leurs souverains respectifs pour résider partout auprès du seul souverain légitime de la France ; et leurs pouvoirs reconnus, ils ont offert le nouveau traité des puissances à la délibération et à la signature du Roi.

» Français, le Roi a délibéré et il a signé.

» Dans ce mot seul est votre sécurité toute entière.

» Vous en êtes bien sûrs, Français, votre Roi n'a pu rien signer qui fût contre vous ; votre Roi ne cessera jamais de veiller sur vous et pour vous : vous l'avez lu dans tous ses actes publics ; vous l'avez entendu au milieu de vos représentans, de vos municipaux, de vos gardes nationales ; vous savez qu'il n'a pas tenu à lui d'éloigner cette dure nécessité de reconquérir vos droits. Il vous sacrifierait aujourd'hui les siens, que son sacrifice, au lieu de vous assurer la paix, vous laisserait exposés à une guerre plus terrible : une invasion étrangère prendrait la place d'un appui étranger. L'Europe a résolu la destruction d'un pouvoir incompatible avec la société Européenne. Eh! comment, dans un tel conflit, des étrangers livrés à eux-mêmes, distingueraient-ils parmi vous les victimes de la tyrannie d'avec ses complices? comment la nation, dont l'usurpateur forcerait toutes les facultés à le servir, ne paraîtrait-elle pas à ceux qui la combattraient une nation entièrement et uniquement ennemie? Victorieuse ou vaincue, que deviendrait la *malheureuse* France ?

» Mais que la France le veuille, et la France n'a plus que des amis dans une ligue où son Roi est prié d'intervenir et intervient. La nécessité qu'il n'a pu conjurer, il est sûr au moins de l'adoucir, lorsqu'il est là pour rallier sa nation autour de lui, pour détourner d'elle des coups qui ne doivent frapper que leurs communs oppresseurs; pour observer, avertir, contenir, arrêter; pour garder non seulement vos propriétés publiques et individuelles, mais encore votre dignité nationale, dont il est aussi jaloux que vous l'êtes sûrement vous-mêmes de Sa Majesté royale. L'une et l'autre restent et resteront intactes. Les Français gardent leur place parmi les nations, comme le Roi de France garde la sienne parmi les potentats. Avec la restauration de l'antique monarchie française, une ère nouvelle s'est annoncée l'année dernière à toute l'Europe. Tous les souverains, par leurs conventions, se sont garantis le repos et la liberté de leurs peuples, comme par leurs vœux tous les peuples se sont garantis la légitimité et le maintien du pouvoir de leur chef. On s'est uni pour la paix, on s'est ligué pour l'ordre, et dans cette ligue *bienfaisante*, ainsi que le congrès l'a justement appelée, tous les Etats sont en même temps protecteurs et protégés, garantis et garans.

» Cependant c'est le Monarque et le peuple français qui les premiers ont besoin d'être secourus ; c'est au Monarque et au peuple français, une fois réunis par la présence de leurs alliés, à se secourir eux-mêmes de manière à n'avoir pas, s'il est possible, d'autre assistance à leur demander. Que ces dispositions générales de la nation fidèle, favorisées désormais par des amis au lieu d'être entravées par des traîtres, soient mises partout en action ; que l'armée française régénérée reprenne l'éclat qui appartient à son nom ; que toutes les gardes nationales, délivrées des piéges de la perfidie, et rendues à l'élan de leurs cœurs, hâtent le rétablissement de l'ordre politique et civil dans tout le royaume ; qu'on se dise enfin et qu'on se répète sans cesse que plus les Français feront pour sauver la patrie, moins ils laisseront à faire aux étrangers ; que plus les Français pacifieront, moins leurs auxiliaires auront à soumettre ; et surtout qu'une fois la rébellion soumise, une fois l'usurpateur détruit, aucun pouvoir étranger ne se placera entre le Prince légitime et le peuple fidèle, pour s'immiscer dans aucune des institutions politiques, dont la proposition, la délibération et la décision n'appartiennent qu'à eux seuls.

» Français, le Roi, qui a toujours été près de vous, sera bientôt avec vous. Sa Majesté, le jour où elle posera le pied sur son territoire et le vôtre, vous fera connaître en détail ses intentions salutaires et toutes ses dispositions d'ordre, de justice et de sagesse. Vous verrez que le temps de sa retraite n'a pas été un temps perdu pour vos intérêts, et que le Roi a régné par les soins de sa prévoyance, lors même qu'il ne régnait pas par l'exercice de son autorité.

» Aujourd'hui, Sa Majesté n'a voulu qu'annoncer aux bons Français ce qui devait satisfaire leur honneur, calmer leur inquiétude, payer leur amour et seconder leur zèle; c'est déjà sans doute avoir rempli un grand but.

» Sa Majesté a pensé aussi que cette communication adressée à ses fidèles sujets parviendrait à ceux qui sont encore rebelles, et pourrait, en les éclairant sur leurs dangers, comme en les détrompant de leurs erreurs, en ramener beaucoup à leur devoir. Le Roi a trop pardonné peut-être, et cependant il est aussi impossible à Louis XVIII de ne pas faire grâce que de ne pas faire justice. Que l'innocence elle-même accueille donc encore le repentir; que la fidélité persuade et ramène; que les bons ouvrent leurs rangs à tous ceux qui peuvent être dignes d'y rentrer; et d'un autre côté, que les complices du grand coupable profitent du temps qui reste au repentir pour avoir quelque chose de méritoire; que les victimes de la nécessité soient sûres qu'elle ne leur sera pas imputée; que tout le monde sache et reconnaisse qu'il est des temps où la persévérance du crime en est le seul caractère irrémissible.

» Français, que Louis XVIII vient de réconcilier une seconde fois avec l'Europe; habitans de ces bonnes villes, dont les vœux touchans arrivent chaque jour au Roi, et l'encouragent à les remplir; Parisiens, qui pâlissez aujourd'hui à la vue de ce même palais, dont les murs seuls répandaient naguère la sérénité sur vos visages; qui tous les matins, pendant une année, êtes venus y saluer Louis XVIII du nom de père, non pas avec une voix dominée par la terreur ou vendue au mensonge, mais avec le cri de vos cœurs et de vos consciences; gardes nationales qui, le 12 mars, lui juriez avec tant d'ardeur de vivre et de mourir pour lui et pour la constitution, vous qui l'avez gardé dans vos cœurs ; vous qui l'eussiez vu dans vos rangs, si la trahison eût permis à ces rangs de se former, et s'ils n'eussent pas été désunis par ceux qui veulent les souiller aujourd'hui, préparez-vous tous pour le jour où la voix de votre Prince et celle de votre patrie vous appelleront au devoir d'aider l'un à sauver l'autre.

» Méfiez-vous cependant et des piéges qu'on veut vous tendre et des rôles qu'on voudrait vous assigner dans la parodie de ces assemblées qui jadis attestèrent la liberté sauvage de vos ancêtres, mais dont le spectacle dérisoire n'a pour but aujourd'hui que de vous rendre la proie du plus vil ou du plus odieux esclavage, entre le despotisme anarchique et la tyrannie militaire. Sans doute si c'était une chose possible que les élections fussent nationales, les scrutateurs fidèles, les voix libres, le nouveau *Champ-de-Mai* ferait disparaître l'illégalité de son principe dans la loyauté de son vœu. Son premier cri serait une nouvelle consécration de cette alliance, jurée il y a neuf siècles, entre la nation des Francs et la maison royale de France, perpétuée pendant neuf siècles entre la postérité de ces Francs et la postérité de leurs Rois : la vraie nation française ne voudra jamais ni parjurer ses ancêtres, ni se parjurer elle-même; mais l'*usurpateur* a déjà écarté les nationaux en appelant ses satellites. Il a déjà compté les votes, quand aucun vote n'est encore émis : eh! que pourriez-vous attendre de celui ou de ceux qui ont ensanglanté et souillé tout ce qu'ils ont touché; qui ont su faire un objet de dérision et d'horreur de tout ce qui doit être un objet de vénération et d'amour; qui auraient flétri, s'il était possible, jusqu'aux noms de patrie, de liberté, de constitution, de lois, d'honneur et de vertu. Français, n'avez-vous donc pas désormais votre *Grande Charte* qui a réhabilité tous ces noms sacrés, et les a remis en possession du respect qui leur appartient? N'avez-vous pas enfin une constitution? Pure dans son principe, elle a été réglée entre votre Roi et vos représentans; douce dans son exécution, l'expérience d'une session entière vous l'a prouvé; portant en elle-même le germe de toutes ses améliorations, il n'en est pas une qui ne puisse créer à l'instant l'autorité royale avec l'assentiment des deux chambres, pas une qui ne puisse être proposée par vos représentans, provoquée par vos pétitions.

» Croyez que là est le fondement le plus solide, le seul garant sûr de la prérogative, des priviléges et des droits de tous.

» Croyez surtout que, par son droit, son titre et son cœur, votre Roi est et sera toujours votre meilleur ami, votre plus constant, votre plus loyal ami. Unissez vos vœux aux siens, en attendant que vous puissiez agir de concert; et cette Providence à laquelle il rend compte de l'accomplissement de ses devoirs envers elle et envers vous; cette Providence qui a reçu ses sermens et les vôtres, priez-la, en commun avec lui, de bénir sa juste entreprise et vos nobles efforts. »

Les vœux du légitime Souverain et de ses fidèles sujets n'ont pas tardés à être exaucés : Dieu a confondu, anéanti l'usurpateur; et la bonté, la justice, occupent de nouveau le trône de saint Louis.

Dans le court intervalle de l'absence de notre vertueux Monarque, une scène touchante lui fournit une nouvelle preuve de l'amour des Parisiens. Le 2 mai, veille du jour anniversaire de son entrée à Paris, des gardes nationaux de la capitale, qui l'avaient suivi à Gand, se présentèrent chez Monsieur, et le prièrent de les conduire chez le Roi, pour lui offrir de faire le lendemain le service près de sa personne. Le prince les accueillit avec bonté, et, prenant le même uniforme, se présenta à leur tête chez son auguste frère. On ne peut dépeindre la reconnaissance et la satisfaction de Louis XVIII; il était attendri aux larmes : « Je crois avoir en vous, leur dit-il, toute la garde nationale de ma bonne ville de Paris. » Après s'être entretenu particulièrement avec chacun d'eux, le Roi leur fit donner sur-le-champ tous les postes du château sans distinction.

Pendant le séjour de Bonaparte à Paris, cette fidèle garde nationale observa le plus morne silence : l'usurpateur fut épouvanté de cette attitude ferme et expressive ; et c'est par un sentiment de haine et de vengeance qu'il voulut opposer aux bourgeois la populace des faubourgs. On se ressouvint des fédérés qui, le 10 août, avaient fait le siége du château des Tuileries, et par une bizarrerie manifeste, et qui prouve la mobilité du peuple, on arma en 1815, pour soutenir le pouvoir despotique d'un homme qui s'était fait Empereur et Roi, ceux qui en 1792, juraient, sur les cadavres sanglans des défenseurs de la monarchie, que la royauté ne se releverait jamais en France.

Louis XVIII, instruit de tout ce qui se passait en France, ne vit pas sans le plus profond chagrin les maux qui allaient fondre sur sa patrie. Avant que les armées nombreuses qui devaient le replacer sur son trône se missent en mouvement, il tenta un dernier effort auprès des soldats français; car il n'ignorait pas que parmi les rebelles, il s'en trouvait un grand nombre plutôt égarés que coupables. Dans une proclamation datée de Gand le 8 avril, le Roi daigna leur parler ainsi :

« Soldats! que me reprochez-vous? Est-ce moi qui, pendant dix ans, ai constamment acheté la victoire au prix de votre sang? Est-ce moi qui ai couvert tous les champs de l'Europe des ossemens de vos compagnons d'armes? Vous ai-je abandonnés dans les sables de l'Egypte ou dans les neiges de la Russie? Non, soldats, dans l'exil ou sur le trône, je fus toujours votre père; sur le trône ou dans l'exil, je ne veux voir en vous que mes enfans.

» Soldats! je le conçois, dans le repos dont s'indigne votre valeur, une fausse lueur de gloire a pu vous égarer au bord du précipice. Si votre erreur n'est que passagère, elle est encore honorable; mais, si elle se prolonge, vous perdrez en peu de jours le fruit de dix années de travaux.

» Soldats! votre honneur, le bonheur de la France, le repos du monde entier vous le commandent: fuyez cet aigle qui dévore des générations; accourez sous les bannières des lis, de ces lis connus aussi de la victoire et respectés des nations.

» Soldats! je vous attends pour vous pardonner; si je viens, il me faudra punir. »

Ce langage sera admiré dans tous les siècles.

Avec quel art ingénieux et plein de sentiment Louis XVIII offrait-il encore un pardon qui ne blessait pas même l'amour-propre des coupables ! Ne voulant négliger aucun des moyens qui étaient en son pouvoir pour prévenir de grands malheurs, Sa Majesté publia le 15 avril cette autre déclaration, nouveau gage de sa sollicitude paternelle et de la loyauté de ses intentions :

« Au moment de revenir au milieu de notre peuple, nous croyons lui devoir, à la face de l'Europe, une déclaration solennelle de nos sentimens et des intentions de nos alliés.

» Lorsque le ciel et la nation nous rappelèrent au trône, nous fîmes à Dieu et à la France la promesse, bien douce pour notre cœur, d'oublier les injures et de travailler sans relâche au bonheur de nos sujets.

» Les fils de saint Louis n'ont jamais trahi, ni le ciel, ni la patrie. Déjà notre peuple avait retrouvé, par nos soins, au-dedans l'abondance et le repos, au-dehors l'estime de toutes les nations. Déjà le trône, ébranlé par tant de secousses, commençait à se raffermir, lorsque la trahison nous a forcé de quitter notre capitale et de venir chercher un refuge aux confins de nos Etats. Cependant l'Europe, fidèle à ses traités, ne veut reconnaître comme Roi de France, que nous. Douze cent mille soldats vont marcher pour assurer le repos du monde, et délivrer une seconde fois notre belle patrie.

» Dans cet état de choses, un homme dont l'artifice et le mensonge font aujourd'hui toute la puissance, cherche à égarer l'esprit de la nation par des promesses fallacieuses, à la soulever contre son Roi légitime, à l'entraîner dans l'abîme, comme pour accomplir son effroyable prophétie de 1814 : « Si je tombe, » on saura ce que coûte la chute d'un grand » homme. »

» Au milieu des alarmes que les dangers de la France ont fait naître dans notre cœur, la couronne, que nous n'avons jamais regardée que comme le pouvoir de faire le bien, aurait perdu à nos yeux tous ses charmes, et nous aurions repris avec orgueil la route de notre exil (où vingt années de notre vie furent employées à rêver le bonheur des Français), si la patrie n'était menacée dans son avenir de toutes les calamités auxquelles notre retour avait mis un terme, et si nous n'étions, envers la nation, la garantie de la France.

» Les souverains qui nous donnent aujourd'hui une marque si grande de leur affection, ne peuvent plus être abusés par le cabinet de Bonaparte, dont le machiavélisme leur est bien connu ; et, par l'amour et l'intérêt qu'ils portent à leurs peuples, ils marchent sans hésiter au but glorieux où le ciel a placé la paix générale et la félicité des nations. Bien convaincus, malgré toutes les ruses d'une politique aux abois, que la nation française ne s'est pas rendue complice des attentats de l'armée, et que le petit nombre de Français égarés ne tardera pas à reconnaître son erreur, ils regardent la France comme leur alliée. Là où ils trouveront des Français fidèles, les champs seront respectés, les laboureurs protégés, les pauvres secourus, se réservant de faire peser les droits de la guerre sur les provinces qui, à leur approche, ne seraient pas rentrées dans le devoir. Cette résolution, dictée par la prudence, nous affligerait sensiblement si notre peuple nous était moins connu ; mais, quelles que soient les craintes que l'on ait voulu lui inspirer sur nos intentions, puisque les alliés ne font la guerre qu'aux rebelles, notre peuple n'a rien à redouter, et nous aimons à penser que son amour pour nous n'aura été altéré, ni par une absence de peu de durée, ni par les calomnies des libellistes, ni par les promesses d'un chef de parti, trop convaincu de sa faiblesse pour ne pas caresser ceux qu'il brûle de déchirer.

» A notre retour dans notre capitale, que nous regardons comme très-prochain, notre premier soin sera de récompenser les citoyens vertueux qui se sont dévoués à la bonne cause, et de travailler à faire disparaître jusqu'à l'apparence des abus qui pourraient avoir éloigné de nous quelques Français. »

Cette pièce, digne de l'histoire, présente le double aspect de la France et de l'Europe, en présence l'une de l'autre ; elle retrace avec le caractère de la guerre entreprise, celui de l'invasion qui l'a provoquée, et dévoile également les sentimens pacifiques de Louis XVIII et les intentions bienveillantes de ses alliés.

Après la bataille de Waterloo, le Roi quitta Gand pour se rendre à Mons.

En apprenant le désastre de cette journée, Sa Majesté envoya cinq cent mille francs pour les besoins des soldats français blessés : on a vu Mgr le duc de Berri prodiguer des consolations et des secours à ces malheureux, et s'occuper sans relâche de leur pansement. Un officier fait prisonnier, se trouvant sur le passage du Roi, se jeta à ses genoux en lui exprimant son repentir d'avoir servi l'usurpateur. Le monarque le releva avec bonté, et lui ouvrit les bras en lui disant : « Recevez, au nom de tous vos frères d'armes, le baiser de réconciliation. » Quel soldat vraiment français pourrait s'empêcher d'aimer Louis XVIII, et n'admirerait pas des preuves si touchantes d'une ame magnanime !

Le 24 juin, Sa Majesté se trouva dans ses Etats. Les marques d'amour qui lui avaient été prodiguées à son funeste départ, l'attendaient à son heureux retour. Partout les Français accouraient en foule au-devant de leur Roi; partout ils venaient bénir leur bienfaiteur, leur libérateur, leur père arraché, par l'ambition d'une poignée de factieux, aux soins de l'autorité la plus douce qui ait jamais présidé aux destinées d'un grand peuple.

Après avoir traversé Mons et Bavai, le Roi apprit au Cateau que l'armée anglaise venait d'entrer dans Cambrai, et que la citadelle, après une courte résistance, s'était rendue à la première sommation qui lui avait été faite au nom de S. M. Les circonstances particulières de cet événement démontrent bien les dispositions de la France, et méritent d'être recueillies par l'histoire. Hors des murs, les habitans présentaient eux-mêmes les échelles aux Anglais : en dedans, les femmes tendaient la main aux assiégeans pour les aider à escalader le parapet. En vain tant d'impostures avaient représenté l'Europe comme voulant envahir la France pour se la partager ou la morceler ; en vain tant de calomnies avaient rejeté sur le Roi tous les fléaux d'une invasion étrangère : la conduite passée des alliés, et la confiance qu'inspire à si juste titre un Monarque vertueux, avaient gravé dans l'esprit d'une grande partie de la nation, même de la classe la plus accessible à l'erreur, des idées, une sorte d'instinct qui lui faisaient repousser ces mensonges.

A son entrée dans Cambrai, Louis XVIII adressa à ses sujets la déclaration suivante, datée de cette ville, le 25 juin :

« Français, les portes de mon royaume viennent enfin de s'ouvrir devant moi. J'accours pour ramener mes sujets égarés, pour adoucir les maux que j'avais voulu prévenir, pour me placer, une seconde fois, entre les armées alliées et les Français, dans l'espoir que les égards dont je pense être l'objet tourneront à leur salut : c'est la seule manière dont j'ai voulu prendre part à la guerre. Je n'ai pas permis qu'aucun Prince de ma famille parût dans les rangs étrangers, et j'ai enchaîné le courage de ceux de mes serviteurs qui avaient pu se ranger autour de moi.

» Revenu sur le sol de la patrie, je me plais

à parler de confiance à mes peuples. Lorsque je reparus au milieu d'eux, je trouvai les esprits agités et emportés par des passions contraires : les regards ne rencontraient de toutes parts que des difficultés et des obstacles. Mon gouvernement devait faire des fautes ; peut-être en a-t-il fait. Il est des temps où les intentions les plus pures ne suffisent pas pour diriger, où quelquefois même elles égarent ; l'expérience seule pouvait avertir : elle ne sera pas perdue. Je veux tout ce qui sauvera la France.

» Mes sujets ont appris, par de cruelles épreuves, que le principe de la légitimité des souverains est une des bases fondamentales de l'ordre social, la seule sur laquelle puisse s'établir, au milieu d'un grand peuple, une liberté sage et bien ordonnée. Cette doctrine vient d'être proclamée comme celle de l'Europe entière. Je l'avais consacrée d'avance par ma Charte, et je prétends ajouter à cette Charte toutes les garanties qui peuvent en assurer le bienfait.

» L'unité du ministère est la plus forte que

je puisse offrir. J'entends qu'elle existe, et que la marche franche et assurée de mon conseil garantisse tous les intérêts, et calme toutes les inquiétudes.

» On a parlé, dans les derniers temps, du rétablissement de la dîme et des droits féodaux. Cette fable, inventée par l'ennemi commun, n'a pas besoin d'être réfutée. On ne s'attendra pas que le Roi de France s'abaisse jusqu'à repousser des calomnies et des mensonges. Le succès de la trahison en a trop indiqué la source. Si les acquéreurs de domaines nationaux ont conçu des inquiétudes, la Charte aurait dû suffire pour les rassurer. N'ai-je pas moi-même proposé aux chambres, et fait exécuter des ventes de ces biens? Cette preuve de ma sincérité est sans réplique.

» Dans ces derniers temps mes sujets de toutes les classes m'ont donné des preuves égales d'amour et de fidélité. Je veux qu'ils sachent combien j'y ai été sensible, et c'est parmi tous les Français que j'aimerai à choisir ceux qui doivent approcher de ma personne et de ma famille.

» Je ne veux exclure de ma présence que ces hommes dont la renommée est un sujet de douleur pour la France, et d'effroi pour l'Europe. Dans la trame qu'ils ont ourdie, j'aperçois beaucoup de mes sujets égarés et quelques coupables.

» Je promets, moi qui n'ai jamais promis en vain (l'Europe entière le sait), de pardonner aux Français égarés tout ce qui s'est passé depuis le jour où j'ai quitté Lille, au milieu de tant de larmes, jusqu'au jour où je suis rentré dans Cambrai, au milieu de tant d'acclamations.

» Mais le sang de mes enfans a coulé par une trahison dont les annales du monde n'offrent pas d'exemple : cette trahison a rappelé l'étranger dans le cœur de la France ; chaque jour me révèle un désastre nouveau. Je dois donc, pour la dignité de mon trône, pour l'intérêt de mes peuples, pour le repos de l'Europe, excepter du pardon les instigateurs et les auteurs de cette trame horrible. Ils seront désignés à la vengeance des lois par les deux chambres que je me propose d'assembler incessamment.

» Français! tels sont les sentimens que rapporte au milieu de vous celui que le temps n'a pu changer, que le malheur n'a pu fatiguer, et que l'injustice n'a pu abattre.

» Le Roi, dont les pères règnent depuis huit siècles sur les vôtres, revient pour consacrer le reste de ses jours à vous défendre et à vous consoler. »

On ne saura jamais apprécier assez ce noble aveu du Monarque : « Mon gouvernement de-
» vait faire des fautes; peut-être en a-t-il fait.
» Il est des temps où les intentions les plus
» pures ne suffisent pas pour diriger, où quel-
» quefois même elles égarent ; l'expérience
» seule pouvait avertir : elle ne sera pas per-
» due. Je veux tout ce qui sauvera la France. »

Jetons un coup d'œil sur les fautes que l'on a cru apercevoir sous la première administration du Roi, et pesons-en toute la gravité. Voici avec quelle impartialité M. Gallais les expose dans son *Histoire de la Révolution du 20 mars* 1815.

« Par des bienfaits accordés alternativement aux partis contraires, Sa Majesté crut pouvoir les gagner ; elle ne fit que des ingrats d'un côté et des mécontens de l'autre. Le parti favorisé ne l'était jamais assez, et celui qui se croyait délaissé criait à l'injustice et menaçait de s'éloigner.

» Ce fut ainsi qu'Elle exaspéra le cœur des patriotes, en accordant aux fidèles compagnons de son infortune, des faveurs que la justice et la reconnaissance sollicitaient également pour eux, mais dont la politique commandait impérieusement de retarder l'exécution.

» Par la même raison, les descendans de cette noblesse, dont le berceau se confond avec celui de la monarchie, ne virent pas sans humeur qu'on incorporait dans ses rangs quelques-uns de ces braves, qui n'avaient d'autres titres que leur épée et des faits d'armes tout récens.

» D'un autre côté, le Roi n'imposa pas silence à quelques imprudens émigrés et à quelques prêtres fanatiques, qui, sans y être autorisés autrement que par leurs espérances, parlaient, les uns de rentrer dans leurs biens vendus et dans leurs priviléges abolis ; les autres, de rétablir la religion dans tous ses droits, c'est-à-dire, de faire rentrer le clergé dans toute sa puissance.

» Ces propos criminels compromettaient la parole du Roi, et, par cela même, devaient être sévèrement réprimés. Ou le Roi n'en eut pas connaissance, ou il crut qu'ils n'avaient pas assez d'importance pour mériter son attention. Ce fut une erreur qui entraîna des conséquences fâcheuses. Les factieux s'emparèrent de la première impression d'étonnement qu'ils produisirent, et en abusèrent étrangement. »

« Une grande mesure juste, claire, franche, et surtout d'une extrême publicité, devait être prise dès l'arrivée du Roi, dit un autre écrivain (1); on devait avouer le désordre des finances et l'impossibilité d'indemniser les malheureux, mais en même temps promettre les dégrévemens les plus complets, et même des remises absolues aux cantons que la guerre

---

(1) *Considérations sur une Année de l'Histoire de France.*

avait ravagés ; déclarer qu'il serait enjoint à chaque préfet, dans un temps donné (au lieu de laisser chacun d'eux agir en son temps et à sa manière), de prendre les mesures convenables pour constater sur les lieux les pertes éprouvées, etc. Un tel édit eut pénétré le peuple d'amour et de dévouement pour le Roi ; il eut rempli l'attente générale, et qu'eut-il coûté? quelle non-valeur eut-il produit dans le montant de la contribution foncière? Pas quatre millions. Cela peut paraître étrange mais nous établîmes alors ce fait sur des données dont la fidélité ne peut être douteuse. En jetant ces quatre millions de plus dans le gouffre immense de la dette publique, l'on aurait fait une chose juste, humaine et politique, et l'on aurait gagné des trésors d'amour et de reconnaissance.

» On s'occupa bien des dégrévemens et des remises, mais trop tard, faiblement, et, ce qu'il y a de pis, tacitement, comme si on eût craint que les contribuables, informés de cette justice, ne s'empressassent trop de s'en prévaloir. On assigna ces dégrévemens sur une nature de fonds telle que leur application devait se trouver inutile dans les départemens respectés, et insuffisante dans les départemens ruinés, rendant ainsi chaque province passible de ses propres pertes, au lieu de rendre toute la France solidaire des provinces immolées pour elle. On donna aux préfets des ordres qui n'eurent ni éclat ni publicité. »

Voilà donc les fautes que l'on pouvait reprocher au gouvernement du Roi; mais n'appartiennent-elles pas plus aux circonstances qu'à son administration même? Quant aux soldats qui regrettaient dans Bonaparte l'homme qui les faisait vivre de rapines et de pillages, il était tout simple qu'ils jetassent les hauts cris de ce que l'armée avait été considérablement diminuée : tous les officiers réformés avec une demi-solde criaient également à l'injustice. Cependant, la paix que le Roi avait conclue, l'obligeait à ne pas conserver l'armée sur le pied de guerre : c'était un soulagement pour les peuples et une diminution des charges de l'État. Louis XIV, le plus guerrier de nos rois, eut jusqu'à huit cent mille hommes sur pied en temps de guerre, et jamais plus de deux cent cinquante mille en temps de paix. En réduisant à la demi-solde les officiers qui ne restèrent pas sous les drapeaux, le Roi ne commit aucune injustice : la pénurie du trésor public faisait un devoir d'en agir ainsi.

Des hommes qui se prétendent les seuls patriotes, osèrent improuver les faveurs accordées à des Vendéens ; ils furent, pour ainsi dire, scandalisés de se trouver assimilés à ces hommes qu'ils avaient combattus sous la dénomination de brigands.

Mais quand on a appelé ainsi les Vendéens, on a oublié qu'il n'y a point de brigands sous l'invocation de Dieu et sous les bannières du chef légitime de l'État.

La guerre de la Vendée est la guerre la plus patriotique, selon la véritable acception de ce mot, qu'un peuple ait jamais soutenue contre le crime et la tyrannie. Pendant les épouvantables convulsions au milieu desquelles une horde de cannibales proférait, en heurlant, dans toutes nos provinces le nom de liberté, la Vendée seule en jouissait réellement ; la liberté et l'égalité, sourdes aux vœux d'une populace effrénée qui traînait leurs nobles images dans la boue et dans le sang, s'étaient réfugiées sous les drapeaux d'une guerre civile. Louis XVIII ne se montrait donc que juste en récompensant des sujets aussi courageux que pleins de loyauté.

Mais à quoi bon chercher à justifier les torts que les ennemis du Roi lui reprochaient avec tant de chaleur et si peu de bonne foi? Nous avons vu depuis le but de leurs plaintes amères: la France aurait eu à gémir de bien d'autres fautes, s'ils avaient réussi dans leurs projets criminels.

A mesure que les événemens annonçaient le retour du Monarque, la confiance de la nation augmentait. Les fonds, qui étaient à 53 francs lors de la nouvelle de la défaite de Bonaparte, montèrent à 55 fr. le lendemain; le jour où il fut forcé de se démettre de son pouvoir, leur taux s'éleva à 60 fr. Le 28 on entendit les premiers coups de canon de l'armée de Wellington; le cours monta aussitôt à 63 fr.; le lendemain la rente fut demandée à 64 fr., et le 30, lorsque les alliés étaient en vue de la capitale, les fonds s'élevèrent jusqu'à 66 fr. Dans ce peu de jours les actions de la banque augmentèrent de plus de vingt-cinq pour cent. Cela seul suffirait pour prouver les sentimens dont la nation était animée.

C'est un fait unique dans les fastes militaires que celui d'une armée abandonnée entièrement à elle-même sur un champ de bataille. Après la déroute de Waterloo, les débris de l'armée française arrivèrent jusque sous les murs de la capitale, sans chef et sans ordre; ce fut là seulement qu'on s'occupa de les rallier.

Paris, qui avait donné des preuves de son attachement au Roi, n'était pas sans inquiétude; toutes les boutiques restèrent fermées pendant les trois premiers jours de juillet. De l'aveu de tous les généraux, la ville ne pouvait être défendue contre deux cent cinquante mille étrangers qui avaient pris position autour de ses murs. Louis XVIII, au milieu des alliés, tint en cette circonstance la conduite d'Henri IV, en laissant passer sans difficulté tous les vivres nécessaires à l'approvisionnement de la capitale. Lorsque les souverains étrangers surent que Bonaparte était renversé, ils consentirent à suspendre les hostilités, et bientôt après ils signèrent une capitulation aussi honorable pour l'armée qu'avantageuse pour la ville. Par ce traité, l'armée française devait évacuer Paris en trois jours, et se porter en huit jours de l'autre côté de la Loire, avec son matériel, son artillerie, sa caisse militaire, ses chevaux et les propriétés des régimens. Commandée par le maréchal Davoust, elle opéra cette retraite dans le délai convenu.

Cette capitulation, qui répandit une joie excessive parmi la garde nationale de Paris, fut reçue avec indignation par les fédérés, dit l'auteur des *Cinq Mois de l'histoire de France*, en faisant un tableau pathétique de leurs sentimens : cet écrivain, auquel on peut reprocher d'avoir peint sous des couleurs trop brillantes pour être vraies la plupart des opérations des factieux, se fut montré plus juste en disant que cette capitulation ne trouva de désapprobateurs que parmi ces hommes à qui les orages conviennent mieux qu'un temps calme.

On a vu ces fédérés, armés dans ce moment

d'anarchie, menacer avec leurs fusils tous ceux qui paraissaient jouir de quelque fortune; et, en défilant dans les rues, coucher en joue indistinctement tous les habitans des premiers étages. Il n'a pas tenu aux députés de Bonaparte que les propriétaires en France ne fussent traités de mauvais Français, parce que cette masse, qui constitue réellement la nation, ne partageait pas le délire et la fureur de la masse qui ne possède et ne paye rien. Nous étions revenus à ces temps de malheurs où de prétendus patriotes, discutant sur les places publiques et dans les carrefours, voulaient régler ce que, dans leur jargon politique, ils sont convenus d'appeler les intérêts de la patrie : l'on ne conçoit pas comment un écrivain distingué par ses écrits antérieurs a pu se rendre l'apologiste de ces clubistes en plein vent.

La garde nationale s'attendait que le lendemain de l'évacuation le Roi ferait son entrée dans la capitale; mais les factieux des deux chambres tinrent jusqu'à la dernière extrémité. Parmi les députés, il en est qui, pendant tout le temps de l'usurpation, ont résisté avec courage à l'exagération des principes, à la violence des mesures et au despotisme de quelques anarchistes profanant encore le nom de liberté. Ces hommes honnêtes s'empressèrent de quitter une assemblée illégalement établie. Mais cette classe de vieux démagogues, continuant de s'aveugler sur l'opinion de la France, crut pouvoir repousser le Roi des Français. On vit entre autres l'homme qui avait lu la sentence de mort à l'infortuné Louis XVI, se débattre comme un furieux pour prolonger cet état de crise. Lui et ses pareils, flétris dans l'opinion publique, siégèrent, pour ainsi dire, sous les yeux d'un Roi qu'ils méconnurent, et auquel ils osèrent opposer un enfant absent, fils d'un père abhorré; ils siégèrent au milieu d'une capitale qu'ils voulaient exposer aux horreurs de la dévastation, du pillage, de l'incendie. Connaissant l'extrême bonté du Roi, les misérables s'y confièrent; et ceux qui en sont le plus indignes, s'en firent un titre pour la braver. Insolence à l'égard de la bonté, bassesse à l'égard de la tyrannie; telle a toujours été la devise des révolutionnaires. Au retour de Bonaparte, la convention sembla sortir avec lui du tombeau; et en rentrant ensemble dans l'abîme, ces deux fantômes laissèrent, en témoignage de leur apparition, des calamités sans nombre, et six cent mille étrangers sur le sol de la France.

Si la guerre et tous ses fléaux sont venus fondre sur nous, si nos campagnes sont ravagées, nous le devons à la résistance parricide de ces députés. Après la bataille décisive de Waterloo, les chambres pouvaient encore sauver la France d'une invasion étrangère, et même, si elles eussent écouté la voix de l'un des membres, M. de Maleville, s'acquérir des droits à la reconnaissance nationale; elles le pouvaient, lorsqu'elles eurent connaissance de la proclamation royale du 25 juin. Vain espoir! en quinze jours de temps elles ont exercé sur nous une tyrannie non moins affreuse que celle que Bonaparte était venu nous rapporter. Elles continuèrent d'exciter le soldat à la rébellion contre son Roi, en lui suggérant de repousser la cocarde blanche et l'antique étendard de la monarchie.

La cocarde tricolore n'a-t-elle pas été celle

des Marat, des Robespierre ? Si les guerriers français ont illustré le drapeau aux trois couleurs, ce même drapeau ne flottait-il pas au milieu des massacres du 2 septembre ? Les révolutionnaires de 93 ne le promenaient-ils pas dans toutes les parties de la France, accompagnés des bourreaux et de l'instrument de mort... Ah ! pour des Français, l'étendard des Turenne, des Condé, des Duguesclin, des Bayard, n'est pas moins illustre ; celui-là du moins est exempt de souillure, comme le panache blanc d'Henri IV est le seul qui soit sans tache.

Malgré tous les efforts des anarchistes pour perpétuer les discordes en voulant maintenir des couleurs prétendues nationales, la majorité des habitans de la capitale s'empressa d'arborer la cocarde blanche; aussitôt qu'on apprit à Paris l'arrivée du Roi à Arnouville, et que MONSIEUR était à Saint-Denis, une immense portion de la population se porta dans ces deux endroits pour hâter le moment de crier *Vive Louis XVIII ! vivent les Bourbons !* Des détachemens de gardes nationaux y vinrent spontanément s'offrir au Roi, qui les passa en revue, et la plupart restèrent sous les armes auprès de Sa Majesté jusqu'à son retour au palais des Tuileries. Cette preuve d'amour porta la joie la plus douce dans le cœur du Monarque : « Je me réjouis de me retrouver au milieu de mes enfans fidèles, dit-il à cette foule de bons Français ; je vous remercie de vos sentimens : faites part à vos concitoyens de ce que j'éprouve pour eux. Bientôt je serai au milieu de mon peuple de Paris, auquel je rapporte une seconde fois la paix et le bonheur. »

En effet, le 8 juillet, l'antre infernal des anarchistes fut fermé, et Louis XVIII fit son entrée dans sa capitale. Le corps municipal alla recevoir S. M. à la barrière Saint-Denis. « Je ne me suis éloigné de Paris qu'avec la douleur la plus vive, et une égale émotion, répondit le Roi au discours du préfet. Les témoignages de la fidélité de cette bonne ville sont arrivés jusqu'à moi. J'y reviens avec attendrissement ; j'avais prévu les maux dont elle était menacée ; je désire les prévenir et les réparer. »

Au premier retour du souverain, on avait préparé son entrée solennelle : cette fois nulle cérémonie, nul apprêt n'avaient été indiqués. Mais tout ce que la joie a de plus vif, l'amour de plus tendre, le respect et la vénération de plus prononcé, fut mis en œuvre pour fêter un si bon Monarque. Les annales du monde ne fournissent point d'exemple que l'on puisse faire entrer en parallèle avec l'enthousiasme qu'occasionna ce second retour du Roi et de son illustre famille. L'usurpateur s'était enveloppé des ombres de la nuit, et s'était glissé, pour ainsi dire, au château des Tuileries, aux acclamations d'une populace à moitié ivre. Louis XVIII entre dans sa capitale, environné de ses innombrables enfans; le soleil éclaire son entrée : arrivé au palais de ses pères, quatre cent mille bras se disputent l'honneur de le reporter sur son trône.

A peine est-il parvenu dans ses appartemens qu'il éprouve le besoin de communiquer avec son peuple; il se montre au balcon : deux fois il veut parler, et deux fois la vive émotion dont il est pénétré arrête l'expression de ses sentimens. Un grenadier de la garde nationale qui se trouve près de lui, dans l'enthousiasme qui l'anime, se rend par improvisation l'interprète du peuple; il se jette aux pieds du Roi, lui saisit la main, la porte plusieurs fois à ses lèvres, et ne la quitte que pour essuyer les larmes qui inondent son visage. Le Roi, profondément ému, tend les bras vers son peuple, puis, relevant le grenadier, il le presse sur son cœur. A cette allusion touchante, toutes les âmes furent attendries, chacun versa des larmes de joie... Heureux le Roi qui mérite ainsi l'amour de son peuple! Heureux les peuples qui trouvent dans leur Souverain un cœur sensible aux démonstrations de leur amour!

Dans la soirée, le Roi descendit dans le jardin, et se mêla à la foule comme un bon père au milieu de sa nombreuse famille. « Me voilà donc avec mon peuple, avec mes enfans, mes amis! » répétait ce Monarque. Chacun pouvant approcher de son auguste personne, lui adressait les vœux les plus tendres, le comblait des bénédictions les plus sincères. L'ivresse était générale. Non, jamais on ne vit une joie aussi pure, aussi vive, aussi franche, aussi universelle.

Rendu à l'administration de son royaume, la première pensée de Louis XVIII fut pour ses sujets fidèles que Bonaparte avait chassés des emplois publics : une ordonnance royale, rendue à Saint-Denis le 7 juillet, rétablit dans leurs fonctions tous ceux qui en avaient été expulsés depuis le 20 mars.

Pleins des nobles souvenirs qu'avait laissés dans tous les cœurs la conduite du grand Alexandre, en 1814, les habitans de Paris virent sans effroi les armées étrangères pénétrer de nouveau dans leurs murs.

Mais quel fut leur étonnement, et de quelle douleur ne furent-ils pas pénétrés lorsque ces soldats, au mépris de la convention qui venait d'être signée, et dont l'observation était inutilement réclamée par le Roi de France, entreprirent de sang froid la destruction d'un des monumens publics de la capitale ! (1)

---

(1) Il s'agit ici du pont construit vis-à-vis le Champ-de-Mars, et auquel avait été donné le nom d'*Iéna*, en mémoire de la bataille gagnée sur les Prussiens, le 14 octobre 1806. Le prétexte frivole que l'on tirait du nom de ce pont avait disparu, le Roi lui ayant im-

A leur arrivée, les souverains alliés, instruits par le Roi, firent aussitôt cesser cet abus de la force. Nous ne déguiserons pas néanmoins, que ce mouvement condamnable des soldats étrangers fit redouter d'autres infractions aux promesses solennelles de leurs chefs.

La nation française se confiait dans cette déclaration du 13 mars, par laquelle les puissances alliées annonçaient qu'elles étaient *fermement résolues de maintenir intact le traité de Paris du 30 mai 1814*. Par le traité signé à Vienne le 25 mars 1815, les puissances réunies s'étaient engagées à ne se présenter *que comme les amies, les libératrices, ou plutôt les auxiliaires de la nation française*. Sur la foi des Souverains, le Roi avait annoncé dans sa déclaration du 15 avril, que les alliés se réservaient *de faire peser les droits de la*

---

posé le nom *de pont des Invalides*. Combien les Français doivent-ils admirer la noble fermeté de Louis XVIII, qui déclara que si l'on persistait dans l'intention de faire sauter ce pont, il s'y porterait au moment où l'on ferait jouer la mine, afin de ne pas survivre à cette violation des traités.

guerre sur les provinces qui, à leur approche, ne seraient point rentrées dans le devoir. Et cependant les généraux étrangers ont levé des contributions de guerre sur les provinces les plus fidèles ; ils ont fait enlever par leurs soldats les tableaux et les statues de notre Muséum ; sous les yeux du Roi même, on a enlevé les chevaux de Venise qui décoraient le monument formant l'entrée de son palais. (1)

---

(1) La porte de l'intérieur de ce monument offre encore les traces de la hache sous les efforts de laquelle elle a cédé ; le Roi n'a point livré ces objets des arts, dont la possession nous avait été garantie par les Souverains étrangers, en 1814. Sa Majesté n'a voulu également donner aucun ordre pour l'enlèvement des tableaux et des statues du Muséum ; en tout ceci, Elle n'a fait que céder à la force.

Les amis du Roi, justes appréciateurs du mérite éminent des Souverains alliés, auraient désiré les voir se montrer jaloux de justifier en tout point leurs nobles titres d'amis, de libérateurs, d'auxiliaires de la nation française. Louis XVIII avait dit, le 4 juin 1814, à l'ouverture du corps législatif : « Les chefs-d'œuvre des arts nous appartiennent désormais par des droits plus stables et plus sacrés que ceux de la victoire. » Appliquons donc à la conduite des alliés dans cette circonstance, ce que M. le duc de Richelieu a dit en présen-

Ces faits malheureux ont néanmoins produit un effet contraire à celui qu'on aurait pu craindre, en ralliant à notre vertueux Monarque une foule de Français égarés, qui oublièrent aussitôt toute différence d'opinions, pour ne songer qu'à prévenir tous déchiremens, tous démembremens de la patrie. C'est ainsi qu'on vit nos vieux soldats s'unir d'intention avec les braves et fidèles Vendéens, et que l'armée de la Loire s'empressa de se soumettre au Roi.

Le 10ᵉ régiment de ligne, demeuré fidèle à son légitime Souverain, avait envoyé à ses frères d'armes cette adresse, qui mérite d'être recueillie :

« Camarades, le Roi est au milieu de ses sujets. Pendant près d'une année nous avons

---

tant aux chambres le dernier traité de paix : « Si le
» souvenir de procédés violens, de vives alarmes,
» de maux long-temps soufferts et souvent renouve-
» lés, vient se réunir à l'exaltation du succès, alors
» les Souverains mêmes sont comme involontairement
» entraînés à des mesures qui répugnent à leurs senti-
» mens personnels ; et, malgré eux, sans doute, leurs
» déterminations se ressentent des passions mêmes
» que leur générosité personnelle réprouve. »

goûté sous ses auspices les douceurs d'un repos que nos revers et nos succès avaient également rendu nécessaire. La France respirait : ses paisibles habitans, enivrés d'un bonheur appelé par tant de vœux, acheté par tant de sacrifices, s'endormaient au sein d'un calme trompeur. Forte de leur sécurité, la calomnie veillait sans cesse dans nos rangs ; on peignait des couleurs les plus noires ces Princes dont le cœur vraiment français ne pouvait soupçonner des Français, et tandis que leur noble confiance croyait trouver dans leur attachement pour nous le plus sûr garant de notre fidélité, on nous montrait en eux les ennemis de l'armée. Non content de leur avoir ravi notre amour, on n'épargna rien pour les rendre l'objet de nos mépris.

» Alors reparut cet homme qui nous devait tant de triomphes éclatans, et à qui nous devions tant de funestes désastres. Il reparut, agitant ce drapeau tricolore auquel son astucieuse éloquence rattachait des souvenirs glorieux, et qui, déserté quatre fois par lui, aurait dû ne nous rappeler que sa honte.

» La France entière trembla, Louis seul fut sans crainte, il comptait sur ses soldats; mais d'infâmes chefs abusant de l'autorité qu'ils avaient sur vos esprits, vous rappelèrent des sermens annulés, et vous montrèrent votre devoir dans l'oubli des sermens qui vous liaient au meilleur des Rois. Mieux éclairés sur leurs crimes, les traîtres se le firent payer avec leur conscience; ils osèrent vendre votre honneur.

» Labédoyère a fait tout : il a donné un exemple que d'autres ont pu suivre, qu'aucun autre n'eût donné. Que dis-je? Vous avez tous hésité à le suivre, votre défection ne fut point l'effet d'un mouvement spontané; la crainte d'immoler des frères vous a ralliés autour de l'usurpateur, et vous n'avez pas compris que lui offrir vos armes, c'était les tourner contre votre patrie.

» Nous n'avons point partagé votre erreur. Nos chefs savaient garder leur foi, nous avons su les imiter. Ah! si notre duc d'Angoulême eût marché seulement une heure à votre tête, si vous l'eussiez vu faire briller à vos yeux étonnés toutes les vertus héréditaires d'un fils de Henri IV, jamais, je le jure, jamais vous ne l'eussiez trahi. La France était sauvée, votre gloire restait pure, le Roi ne quittait point son peuple chéri; les braves morts à Waterloo vivraient encore : on ne verrait que des feux de joie, on n'entendrait que des chants d'allégresse, partout où l'on gémit à la fois des maux de la guerre étrangère et de nos discordes civiles.

» Camarades, vous pouvez faire oublier à la France les douleurs que votre égarement passager lui a coûtées. Mettez un empressement généreux à réparer des torts involontaires. Oubliez l'homme qui vient une fois encore de vous abandonner, sans accorder une larme, un soupir à ces victimes expirantes : le monstre vit encore. Il avait promis de mourir quand il se croyait sûr de vaincre. Le ciel a trompé son espoir, son lâche cœur a trahi sa promesse. Mais non, il s'est rendu justice, il s'est reconnu indigne de mourir du trépas des braves. Dès lors vous fûtes libres, dès lors vous redevîntes soldats de la patrie.....

» Absent, présent, le Roi nous a toujours

aimés. Supérieur à tous les autres hommes dans l'adversité, et supérieur à lui-même dans la bonne fortune, il a pendant son long exil médité le bonheur de la France; il a signalé son retour par l'oubli des plus justes ressentimens; fier de nos hauts faits, il a partout revendiqué la gloire de nos armes, nous avons toujours été ses enfans de prédilection; chaque jour il répandait sur nous de nouveaux bienfaits, et les misérables qui l'ont précipité du trône en étaient eux-mêmes comblés. Amis, ralliez-vous au panache blanc, et prouvez que l'étendard sans tache est le seul qui convienne à des soldats français. »

Le colonel Labédoyère, qui, par l'oubli des devoirs et des sermens les plus sacrés, avait donné l'un des premiers l'exemple de la trahison, ne tarda pas à subir la peine de son crime. Arrêté en vertu de l'ordonnance du Roi du 24 juillet (1), il fut traduit au conseil de guerre

---

(1) Voici le texte de cette ordonnance : « Voulant, par la punition d'un attentat sans exemple, mais en graduant la peine, et limitant le nombre des coupa-

de la première division militaire, qui le condamna à mort le 14 août. Cet officier, appar-

---

bles, concilier l'intérêt de nos peuples, la dignité de notre couronne, et la tranquillité de l'Europe, avec ce que nous devons à la justice et à l'entière sécurité de tous les autres citoyens sans distinctions, avons déclaré, etc.

Art. Ier. Les généraux et officiers qui ont trahi le Roi avant le 23 mars, ou qui ont attaqué la France et le gouvernement à main armée, et ceux qui, par violence, se sont emparés du pouvoir, seront arrêtés et traduits devant les conseils de guerre compétens, dans leurs divisions respectives ; savoir :

Ney, Labédoyère, les deux frères Lallemant, Drouet-d'Erlon, Lefebvre-Desnouettes, Ameilh, Brayer, Gilly, Mouton-Duvernet, Grouchy, Clauzel, Laborde, Debelle, Bertrand, Drouot, Cambrone, Lavalette, Rovigo.

Art. II. Les individus dont les noms suivent ; savoir :

Soult, Alix, Excelmans, Bassano, Marbot, Félix-Lepelletier, Boulay (de la Meurthe), Méhée, Fressinet, Thibaudeau, Carnot, Vandamme, Lamarque (général), Lobau, Harel, Piré, Barrère, Arnault, Pommereul, Regnault (de Saint-Jean-d'Angely), Arrighi (de Padoue), Dejean fils, Garreau, Réal, Bouvier-Dumolard, Merlin (de Douai), Durbach, Dirat, Defermont, Bory-Saint-Vincent, Félix Desportes, Garnier de Saintes, Mellinet, Hullin, Cluys, Courtin, Forbin Janson fils aîné, Lelorgne Dideville, sortiront dans trois jours de la ville de Paris, et se

tenant à une famille qui lui offrait le modèle de la fidélité, reconnut franchement sa faute. « Napoléon étant débarqué, je me suis laissé égarer par un mouvement d'enthousiasme », a-t-il dit dans un discours qu'il a terminé en faisant des vœux pour que les Français ne formassent plus qu'une seule et même famille autour de Louis XVIII. « Peut-être, a-t-il ajouté, ne suis-je point appelé à voir ce noble et touchant spectacle. J'ai déjà versé mon sang pour mon pays; et en cette occasion, je mourrai avec calme et consolation, espérant que ma mort, précédée de la reconnaissance de mon erreur, ne sera pas sans utilité. » Son épouse désolée, connaissant la bonté de Louis XVIII, vint se jeter à ses genoux, et implorer sa clémence. « Madame, lui dit le Roi avec l'accent le plus pénétrant, je connais vos sentimens et ceux

---

retireront dans l'intérieur de la France, dans les lieux que notre ministre de la police générale leur indiquera, et où ils resteront sous sa surveillance, en attendant que les chambres statuent sur ceux d'entr'eux qui devront, ou sortir du Royaume, ou être livrés à la poursuite des tribunaux. »

de votre famille, et jamais il ne me fut plus douloureux d'être contraint à prononcer un refus. »

Ce droit de grâce, la plus sublime et la plus touchante des prérogatives du trône, est devenu, en cette occasion, un tourment pour le cœur du Monarque; des larmes ont mouillé les yeux du père de tous les Français, forcé de laisser couler le sang d'un de ses sujets. Mais ce bon Roi, qui mêle toujours la douceur à la sévérité, et qui se plaît à déployer la plus grande magnanimité, en même temps qu'il se montre ferme et juste, daigna promettre à madame de Labédoyère sa protection pour elle et pour son enfant. Le coupable reconnut dans cette faveur spéciale la belle âme du Prince qu'il avait trahi; et cette promesse adoucit l'amertume de ses derniers momens.

D'après le licenciement ordonné le 23 mars, l'armée, purgée des hommes qui avaient voulu la détacher des intérêts de la patrie, pour n'en faire que l'instrument des projets d'une ambition personnelle et déréglée, reçoit enfin une organisation vraiment nationale par la formation des légions départementales. Quelle preuve d'amour Louis XVIII n'a-t-il pas donnée aux soldats français en appelant à l'honneur d'entourer son trône, ces grenadiers de la vieille garde si lâchement abandonnés par l'usurpateur sur le plateau de Mont-Saint-Jean ! Tous ces guerriers, touchés d'une confiance dont une grande âme est seule capable, et le cœur plein de reconnaissance, ont juré de ne vivre désormais que pour servir un Monarque véritable père du soldat, dans lequel ils ont reconnu le sauveur et légitime Souverain de la France.

Quoique l'armée fixât particulièrement l'attention du Roi, Sa Majesté porta néanmoins dans toutes les branches de l'administration le même œil de vigilance. Les besoins du service exigeant la prompte levée d'une contribution de cent millions, l'état en fut dressé en raison de la position plus ou moins fâcheuse de chaque département : on rendit ainsi toute la France solidaire des ravages exercés sur quelques portions de son territoire, et l'on évita par cette mesure le reproche de rendre chaque province passible de ses pertes.

Par les ordres du Roi, le ministre secrétaire d'Etat au département de l'intérieur écrivit aux divers préfets du royaume : « Mettez au premier rang de vos devoirs le maintien de l'ordre public ; et si, dans votre département, des insensés osaient faire circuler ces bruits du rétablissement des dîmes, du retour des droits féodaux, de la violation des propriétés garanties par la Charte que le Roi lui-même a donnée à ses peuples, ne vous bornez pas à montrer le ridicule de cette imposture ; remontez à la source, découvrez ceux qui la répandent, et qu'ils soient livrés aux tribunaux. »

Une époque bien chère aux Français vint distraire un moment ce bon Monarque des soins importans de l'administration. Le 25 août, jour de Saint-Louis, on célébra avec joie dans tout le royaume, la fête de Louis XVIII. Conformément aux intentions paternelles du Roi, le préfet de la Seine avait, deux jours d'avance, invité les habitans de Paris à s'abstenir dans cette solennité de tous apprêts dispendieux, pour ne point ajouter aux charges pesantes dont nous accable, ainsi que toute la France, le forfait du retour de Bonaparte. Le gouvernement, donnant lui-même l'exemple de la résignation au malheur des temps, ne fit aucune des dépenses d'usage pour les fêtes publiques. De ce contre-temps imposé par la nécessité, il est résulté une fête vraiment nationale, sans faste, et toute offerte par le cœur.

Dès le 24 au soir, une multitude de drapeaux blancs chargés d'emblêmes et de devises, parurent aux fenêtres dans tous les quartiers, à celles des étages les plus élevés, aussi bien qu'aux autres. Beaucoup de rues de la ville et des faubourgs furent illuminées. Le public se porta en foule aux Tuileries, pour entendre le concert; il fut terminé par des cris de *vive le Roi! vivent les Bourbons!* tels que jamais on n'en avait entendu de plus unanimes, de plus éclatans; toutefois ce n'était là qu'un faible prélude à la journée du lendemain.

Dès le matin, les églises se remplirent d'une foule de fidèles qui suppliaient avec ferveur le Roi des Rois d'accorder de longues années au digne souverain que sa bonté a protégé d'une manière si visible pour le bonheur de la France. Les drapeaux, les guirlandes, les devises, les images du vertueux Monarque, se multiplièrent comme par enchantement, surtout dans les faubourgs Saint-Denis, Saint-Martin, Saint-Antoine, peuplés d'ouvriers industrieux, qui avaient mis chacun la main à l'œuvre.

Aux Tuileries, la foule, assemblée dès midi, attendait, pour saluer le Roi, le moment où Sa Majesté passerait sur la terrasse qui conduit à la chapelle. Une douce surprise, une grande joie, animèrent cette immense famille, quand tout-à-coup on vit à l'autre extrémité du jardin, s'avancer au milieu d'un nombreux cortége de princes, l'Empereur de Russie, l'Empereur d'Autriche et le Roi de Prusse. Des acclamations universelles accueillirent ces monarques, qui venaient en amis complimenter le fils de saint Louis. Chacun semblait leur dire : dans cet amour des Parisiens pour leur Roi, voyez l'esprit de toute la France; et portez, dans le cœur de notre auguste souvérain l'espoir et la consolation qu'il a droit d'attendre de ses magnanimes alliés. Cette circonstance imprévue ajouta encore à la vive allégresse qu'excitait cette fête.

Lorsque Louis XVIII parut au balcon, des cris mille fois répétés de *vive Louis le Désiré!* partirent de toutes les bouches, s'échappèrent de tous les cœurs : par un premier mouvement que le respect ne put contenir, des milliers de bouquets et de couronnes volèrent en l'air ; en un instant la terrasse fut jonchée de fleurs. MONSIEUR, avec cette grâce qui lui est particulière, saisit un de ces bouquets, dont il fit hommage à son auguste frère : Sa Majesté le reçut avec bonté, et en faisant signe qu'elle ne regardait pas à la manière dont on le lui avait fait parvenir. Les rondes et les chants, car il n'y avait ni danses ni instrumens de préparés, commencèrent alors. Le vaste jardin des Tuileries ne pouvait suffire à l'affluence du peuple de toutes les classes; le ciel était superbe, et cette partie de la fête se fut aisément prolongée fort avant dans la nuit, si la consigne qui ordonne la clôture du jardin à neuf heures eut été suspendue. Au signal de la retraite, les cris de *vive le Roi!* redoublèrent, et, sans discontinuer, se firent entendre pendant plus d'une heure qu'il fallut à la foule pour s'écouler. Au déclin du jour, dans toutes les rues, toutes les maisons, toutes les fenêtres furent illuminées; de toutes parts retentit l'explosion des pièces d'artifice; des danses furent formées sur les places publiques. Enfin, dans cette occasion, comme le jour de l'heureux retour des Bourbons, Paris, livré à son propre mouvement, prouva, d'une manière incontestable, la vivacité et l'unanimité de ses sentimens d'amour pour Louis XVIII et son auguste famille. Sa Majesté en fut profondément émue : dans les temps les plus prospères, la magnificence et la pompe des fêtes ont moins de prix aux yeux d'un bon Roi, que l'élan naturel du cœur de ses sujets.

Tandis que le Monarque recevait ces marques touchantes de la tendre et profonde affection de la Capitale pour sa personne sacrée, des nouvelles affligeantes venaient attrister son cœur. Ses peuples du midi, qui lui avaient donné les preuves les plus éclatantes de leur amour et de leur dévouement lors de l'invasion de Bonaparte, égarés dans ce moment par un zèle des plus coupables, osaient se mettre au-dessus des lois, en poursuivant, de leur propre autorité, quelques-uns des auteurs de nos maux.

Le premier septembre, le Roi s'empressa de publier la proclamation suivante, monument de sa justice impartiale :

« Nous avons appris avec douleur que, dans les départemens du Midi, plusieurs de nos sujets s'étaient récemment portés aux plus coupables excès ; que, sous prétexte de se faire les ministres de la vindicte publique, des Français, satisfaisant leur haine et leurs vengeances privées, avaient versé le sang des Français, même depuis que notre autorité était universellement rétablie et reconnue dans toute l'étendue de notre royaume.

» Certes, de grands crimes, d'infâmes trahisons ont été commis, et ont plongé la France dans un abîme de maux : des persécutions atroces ont été exercées contre ceux de nos fidèles sujets qui, suivant la bannière de notre bien-aimé neveu, ont tenté courageusement avec lui de sauver la France. Mais la punition de ces crimes doit être nationale, solennelle et régulière ; les coupables doivent tomber sous le glaive de la loi, et non pas succomber sous le poids des vengeances particulières. Ce serait offenser la justice, ce serait perpétuer les discordes et ouvrir la porte à mille désordres, ce serait bouleverser l'ordre social, que de se faire à la fois juge et exécuteur pour les offenses qu'on a reçues, ou même pour les attentats commis contre notre personne. Nos intentions et nos ordres avaient suffisamment fait connaître que la nation aurait justice des auteurs de ces maux, et que l'indulgence accordée à la faiblesse ou à l'erreur ne s'étendrait pas sur les coupables dont le crime public et avéré peut être poursuivi, sans causer d'alarmes à la foule qui a obéi sans doute en gémissant à la force des circonstances. Nous espérons que cette odieuse entreprise de prévenir l'action des lois et de notre autorité, a déjà cessé ; elle serait un attentat contre nous et contre la France; et quelques vives douleurs que nous en puissions ressentir, rien ne serait épargné par nous pour punir de tels crimes. Notre digne neveu, dont le nom se trouve désormais lié aux sentimens d'amour et de dévouement qu'ont manifestés nos provinces du Midi; qui, par son caractère d'obéissance, de conciliation et de force, les a préservées et les préserve encore des maux de l'invasion, serait aussi notre mandataire pour les sauver des discordes civiles, et pour réprimer et faire punir ceux qui prétendraient abuser de notre nom et du sien. Mais sans doute le noble lien qui s'est établi entre lui et les habitans du Midi, ne sera pas rompu par le coupable égarement de quelques hommes avides de vengeance et de désordre. C'est dans cette confiance et avec cet espoir que nous avons recommandé par des ordres précis, à nos ministres et à nos magistrats, de faire strictement respecter les lois, et de ne mettre ni indulgence ni faiblesse dans la poursuite de ceux qui les ont violées, et qui tenteraient de les violer encore, bien convaincu que notre voix ne sera pas vainement entendue dans une contrée où nous avons reçu tant de preuves de fidélité et d'affection. »

C'est ainsi que, sous un Roi juste, tous ceux qui veulent se livrer à l'arbitraire sont réprimés. Lors même que la Charte constitutionnelle ne garantirait pas aux Français qu'ils vivront désormais sous l'empire des lois, la haute sagesse et les vertus de notre Souverain seraient seules une assurance contre les injustices et les abus de l'autorité. Combien devons-nous nous estimer heureux de n'avoir plus à courber la tête sous la verge despotique d'un homme qui ne connaissait d'autres règles que ses caprices et sa volonté !

Si quelque chose pouvait ajouter à la confiance que n'ont jamais cessé d'inspirer aux vrais amis de l'ordre, les dispositions du Roi relativement au maintien des lois et à l'exécution de la Charte constitutionnelle, ce serait le choix que Sa Majesté a fait en septembre de nouveaux ministres. Les principes qui les dirigent sont connus, et toute leur vie prouve qu'ils ne se recommandent pas moins par leur attachement aux seules doctrines qui puissent aujourd'hui fixer les destinées de la France, que par leur dévouement à la seule dynastie qui puisse légitimer et consacrer ces doctrines. On a retenu ces belles paroles du Monarque à M. le comte Barbé-Marbois, pair de France, en le nommant ministre de la justice et garde des sceaux: « Je vous remets les sceaux de France, lui dit le Roi, parce que j'ai la certitude que vous ne les apposerez qu'à des actes et à des lois conformes à la Charte constitutionnelle du Royaume. » La nomination de M. le duc de Richelieu au ministère des affaires étrangères et à la présidence du conseil a obtenu l'assentiment de la France, et même on peut dire de l'Europe. Si les talens, la fermeté de caractère et le noble dévouement de ce ministre à l'auguste personne de Louis XVIII, n'étaient pas généralement connus, son nom seul serait d'un heureux augure, et donnerait les plus belles espérances : on se rappelle de quel chaos tira la France, quel éclat lui imprima, et quelle grandeur lui prépara un ministre de cette illustre famille.

La nation attendait avec impatience l'ouverture des chambres; elle eut lieu le 7 octobre. Le Roi s'y rendit, accompagné des Princes de la famille royale, et prononça ce discours :

« Messieurs, lorsque l'année dernière je convoquai pour la première fois les chambres, je me félicitai d'avoir, par un traité honorable, rendu la paix à la France.

» Elle commençait à en goûter les fruits; toutes les sources de la prospérité publique se rouvraient.

» Une entreprise criminelle, secondée par la plus inconcevable défection, est venue en arrêter le cours.

» Les maux que cette usurpation éphémère a causés à notre patrie m'affligent profondément; cependant, je dois déclarer ici que, s'il eût été possible qu'ils n'atteignissent que moi, j'en bénirais la Providence.

» Les marques d'amour que mon peuple m'a données dans les momens même les plus critiques, m'ont soulagé dans mes peines personnelles; mais celles de mes sujets, de mes enfans, pèsent sur mon cœur.

» Et, pour mettre un terme à cet état d'incertitude, plus accablant que la guerre même, j'ai dû conclure avec les puissances qui, après avoir renversé l'usurpateur, occupent aujourd'hui une grande partie de notre territoire, une convention qui règle nos rapports présens et futurs avec elles.

» Elle vous sera communiquée, sans aucune restriction, aussitôt qu'elle aura reçu sa dernière forme.

» Vous connaîtrez, messieurs, et la France entière connaîtra la profonde peine que j'ai dû ressentir. Mais le salut même de mon royaume rendait cette grande détermination nécessaire; et quand je l'ai prise, j'ai senti les devoirs qu'elle m'imposait. J'ai ordonné que cette année il fût versé, du trésor de ma liste civile dans celui de l'Etat, une portion considérable de mes revenus. Ma famille, à peine instruite de ma résolution, m'a offert un don proportionné.

» J'ordonne de semblables diminutions sur les traitemens et dépenses de tous mes serviteurs, sans exception. Je serai toujours prêt à m'associer aux sacrifices que d'impérieuses circonstances imposent à mon peuple.

» Les états vous seront remis, et vous connaîtrez l'importance de l'économie que j'ai commandée dans les départemens de mes ministres,
et dans toutes les parties de l'administration.

» Heureux si ces mesures pouvaient suffire
aux charges de l'Etat. Dans tous les cas, je
compte sur le dévouement de la nation et sur
le zèle des deux chambres. Mais, messieurs,
d'autres soins plus doux et non moins importans
vous réunissent aujourd'hui. C'est pour donner
plus de poids à vos délibérations, c'est pour en
recueillir moi-même plus de lumières, que j'ai
créé de nouveaux pairs, et que le nombre des
députés des départemens a été augmenté.

» J'espère avoir réussi dans mes choix ; et
l'empressement des députés, dans ces conjonctures difficiles, est aussi une preuve qu'ils sont
animés d'une sincère affection pour ma personne, et d'un ardent amour de la patrie.
C'est donc avec une douce joie et une pleine
confiance que je vous vois rassemblés autour
de moi, certain que vous ne perdrez jamais
de vue les bases fondamentales de la félicité de
l'Etat, union franche et loyale des chambres

avec le Roi, et respect pour la Charte constitutionnelle.

» Cette Charte, que j'ai méditée avec soin avant de la donner, à laquelle la réflexion m'attache tous les jours davantage, que j'ai juré de maintenir, et à laquelle vous tous, à commencer par ma famille, allez jurer d'obéir, est sans doute, comme toutes les institutions humaines, susceptible de perfectionnement ; mais aucun de nous ne doit oublier qu'auprès de l'avantage d'améliorer est le danger d'innover.

» Assez d'autres objets importans s'offrent à nos travaux.

» Faire refleurir la religion, épurer les mœurs, fonder la liberté sur le respect des lois, les rendre de plus en plus analogues à ces grandes vues, donner de la stabilité au crédit, récompenser l'armée, guérir des blessures qui n'ont que trop déchiré le sein de notre patrie, assurer enfin la tranquillité intérieure, et par là faire respecter la France au dehors : voilà où doivent tendre tous nos efforts. Je ne me flatte point que tant de bien puisse être l'ouvrage d'une session ; mais si, à la fin de la présente législature, on s'aperçoit que nous en ayons approché, nous devrons être satisfaits de nous ; je n'y épargnerai rien, et, pour y parvenir, je compte, messieurs, sur votre coopération la plus active. »

Lorsque Sa Majesté témoigna le regret que les maux de l'usurpation n'aient pas atteint que sa personne, Elle fut interrompue par des acclamations de *Vive le Roi!* et lorsqu'Elle parla de la peine profonde qu'Elle avait éprouvée au sujet de la convention avec les puissances, Elle laissa paraître une émotion qui, à l'instant même, fut partagée par toute l'assemblée. De nombreux applaudissemens accueillirent ce discours plein de noblesse et de sensibilité, et les membres des deux chambres répétèrent dans leur enthousiasme les cris de *Vive le Roi! vivent les Bourbons!* Les spectateurs, animés des mêmes sentimens, se permirent d'unir aussi l'expression de leurs vœux à celle des mandataires de la nation.

La nomination de M. Lainé à la présidence de la chambre des députés, causa une vive satisfaction à tous les amis de la patrie. On se rappellera toujours avec reconnaissance l'énergie qu'il déploya du temps de Bonaparte pour défendre la cause de la nation contre la tyrannie de son oppresseur. Son discours, dans cette nouvelle circonstance, annonce que l'amour de la patrie ne saurait jamais s'affaiblir dans son cœur plein de loyauté et de franchise : « Messieurs, a-t-il dit à ses collégues, qui pourrait, au milieu des malheurs publics, avoir d'autres pensées, former d'autres vœux que d'adoucir les calamités qui, depuis près de huit mois, accablent la France et son Roi ? Une grande espérance est pourtant donnée pour atteindre ce but. Elle vient de l'humanité des cœurs pour concourir ici d'une volonté ferme et franche au salut de l'Etat. Le serment solennel prêté dans cette enceinte par tout le corps législatif réuni, permet de croire que les débats sur les grandes questions politiques sont enfin terminés, à l'aide de cette Charte qui rallie tant d'opinions et rassure tant d'intérêts.

» Aussi, messieurs, quels que soient les maux dont notre patrie est désolée, soutenons les espérances qu'elle fonde sur nous, en donnant les exemples que la nation attend de ses représentans. Montrons qu'un malheur commun réunit les esprits, élève les caractères, et bientôt les Français feront voir qu'ils savent aussi remporter sur eux-mêmes des victoires d'autant plus honorables, qu'elles n'outragent pas l'humanité.

» Laissons, messieurs, laissons à Dieu, qui afflige ce peuple, à juger les Rois; mais entourons le nôtre de toute la force dont il a besoin pour éteindre les passions, les discordes, faire respecter la France, et protéger la liberté publique. »

Nous extrairons de l'adresse de la chambre des pairs ces passages non moins remarquables sous le rapport de l'éloquence que sous le rapport des pensées et des sentimens.

Après avoir tracé le tableau du bonheur dont la France commençait à jouir avant le retour de Bonaparte, l'orateur s'exprime en ces termes :

« La fidélité a encore été déçue, le pouvoir légitime lui a encore été ravi, le nouveau triomphe de l'usurpation n'a eu qu'une durée éphémère, et toutefois, la source de tant de prospérités a été tarie. L'usurpateur a fui, laissant la France en proie à tous les désordres dont il l'avait remplie, et à toutes les invasions qu'il avait attirées sur elle. Le Roi a reparu. L'amour l'a reçu dans la capitale de son royaume, et la douleur est venue l'atteindre au milieu de ses peuples remplis d'espérances. Jamais un si court espace de temps n'a menacé de laisser après lui des suites plus déplorables, des changemens plus inattendus et plus funestes.

» Au moins, Sire, l'histoire, en parlant de tant de pénibles altérations, rangera, dans ce qui est resté inaltérable, la constance du Roi légitime et de ses sujets fidèles.

» L'instant est venu, Sire, où tous les Français vont s'y rallier. Votre Majesté nous annonce de douloureuses communications. Une sage et respectueuse réserve nous prescrit de les attendre en silence; mais cette peine profonde que déjà votre cœur nous a révélée, nous pouvons vous dire qu'il ne sera pas un seul Français qui ne la partage avec nous, et que pour en adoucir l'amertume, pour imiter et seconder votre constance, aucun effort ne nous paraîtra pénible, aucun sacrifice impossible.

. . . .

» Elle sera entièrement justifiée cette pleine confiance avec laquelle vous nous avez vus rassemblés autour de vous. Elles nous seront toujours présentes, ces bases fondamentales que Votre Majesté nous a recommandé de ne jamais perdre de vue. *Union franche et loyale des chambres avec le Roi, respect pour la Charte constitutionnelle;* ces mots sacrés sortis de votre bouche seront à jamais notre cri de ralliement. Au nom de tous les Français, nous jurerons à vos pieds, et l'oubli des divisions intérieures et le sacrifice des intérêts personnels. Nous nous presserons tous, d'un commun accord, autour de ce trône tutélaire devenu l'autel de la patrie. Nous y porterons sans doute des vœux d'amour et non des idées de ressentiment : mais nous sommes dans la parfaite confiance que Votre Majesté saura toujours concilier avec les bienfaits de sa clémence les droits de la justice, et nous oserons solliciter humblement de son équité la rétribution nécessaire des récompenses et des peines, l'exécution des lois existantes, et la pureté des administrations publiques.

. . . .

» Avec l'appui de la religion, première base de toutes les sociétés humaines, avec le soutien des mœurs épurées, de la liberté fondée sur les lois et du crédit rétabli, avec la garantie d'une armée recomposée sur ces principes de loyauté qui ne peuvent mourir dans des cœurs français, nous rendrons à la couronne et à la nation la force et la dignité qui doivent leur appartenir.

» Ainsi, après avoir vu, l'année dernière, les Empereurs et les Rois de l'Europe réunis accepter pour unique garantie le caractère moral de Votre Majesté, nous vous offrirons, Sire, une garantie nouvelle à leur présenter dans la sage énergie d'une nation qui sait renoncer à la funeste ambition de se faire craindre, mais qui nourrit la ferme résolution d'imprimer autour d'elle, de concert avec son souverain, le respect toujours dû à ses droits, et la confiance désormais due à ses principes. »

— « J'ai dû en rassemblant les chambres autour de moi, répondit le Roi, leur exprimer dans cette occasion solennelle la profonde douleur dont mon cœur était pénétré ; aujourd'hui je ne leur parlerai que de mes espérances.

» Je connais mes devoirs, je les remplirai tous ; je compte avec confiance sur le concours de la chambre des pairs pour réparer le malheur de notre patrie, et j'en vois un gage assuré dans la manière dont elle vient de m'exprimer ses sentimens. »

Nous présenterons aussi à nos lecteurs ces fragmens du discours de la chambre des députés ; ils peignent avec autant de fidélité que d'énergie les sentimens de la nation :

« Les paroles de Votre Majesté ont profondément ému les cœurs de vos fidèles sujets les membres de la chambre des députés. Elles les ont pénétrés de respect, d'amour, et pourquoi faut-il qu'ils ajoutent, d'une douleur d'autant plus cruelle, qu'après tant de promesses rassurantes, elle était plus imprévue.

» Les maux de la patrie sont grands ; ils ne sont pas irréparables. Si la nation, inaccessible aux provocations de l'usurpateur, doit porter la peine d'une défection à laquelle elle fut étrangère, elle supportera son malheur.

» Sa première consolation est dans le retour de son Roi légitime. Quelle garantie, en effet, que ce dogme de la légitimité, créé bien plus encore dans l'intérêt des peuples que dans celui des Rois ! Ce principe tutélaire a vieilli pour nous ; il maintenait la succession de nos Rois, et nous préparait, après tant d'orages, un asile à l'ombre de leur trône. La violence usurpa l'autorité ; mais le droit impérissable survécut à la violence.

» Votre Majesté, pour adoucir nos maux, ne craint point de s'imposer de grandes privations à elle-même ; son auguste famille suit son exemple. (1) Une sévère économie va réduire

---

(1) Le descendant de Henri IV, le digne frère et successeur de l'infortuné Louis XVI, rehaussant la splendeur du trône par l'éclat de ses vertus, n'a point cru porter atteinte à la dignité de la couronne, en abandonnant pour le soulagement de l'Etat la somme de dix millions sur sa liste civile et celle de sa famille. Cette noble résignation du Monarque et des Princes, sera pour eux le sujet des bénédictions des Français, et pour leur postérité le plus beau titre à l'attachement et à la fidélité de nos neveux.

les dépenses publiques. Quel Français pourrait se refuser à tout ce qu'exigeront encore les besoins de l'Etat ! Faites-nous les connaître, Sire, et vous verrez la nation se montrer digne d'elle et de vous.

» Tous, nous avons besoin de consolations ; nous les cherchons dans le bien dont Votre Majesté nous a tracé la route. L'union est votre premier désir, elle est notre premier besoin ; nous parviendrons à fondre tous les noms de partis dans ce nom de Français que nous serons toujours glorieux de porter.....

» Toutefois, Sire, au milieu des vœux de concorde universelle, et même pour la cimenter, c'est notre devoir de solliciter votre justice contre ceux qui ont mis le trône en péril. Votre clémence a été presque sans bornes ; nous ne venons pas cependant vous demander de la rétracter : les promesses des Rois, nous le savons, doivent être sacrées ; mais nous vous supplions, au nom de ce peuple même, victime des malheurs dont le poids l'accable, de faire enfin que la justice marche où la clémence s'est arrêtée. Que ceux qui, aujourd'hui encore, encouragés par l'impunité, ne craignent pas de faire parade de leur rebellion, soient livrés à la juste sévérité des tribunaux. La chambre concourra avec zèle à la confection des lois nécessaires à l'accomplissement de ce vœu..... »

Le 16 octobre, le Roi soumit aux chambres le projet de loi sollicité pour réprimer les actes séditieux non prévus par le Code pénal : les cris, les discours, les écrits provoquant à la révolte, les imputations calomnieuses, les injures et les expressions outrageantes contre le Roi et sa famille.

« Nous aurions sans doute considéré le Roi et son auguste maison, ont dit les ministres, comme placés trop haut pour être atteints par les calomnies, l'outrage et l'injure, si une longue et funeste expérience ne nous avait appris que c'était ainsi que de longue main on préludait aux révolutions et aux trahisons ; qu'on s'appliquait à détruire le respect pour miner le trône, et à diminuer la vénération et l'amour dus, à tant de titres, au Monarque, pour parvenir à énerver son autorité. Les traits dirigés contre lui le sont contre l'Etat; ils compromettent l'autorité royale comme la sûreté de la nation.

» Cette loi a pour objet de donner à l'action de l'autorité toute la force qui lui est nécessaire pour déjouer les trames coupables, et prévenir les attentats de ces hommes étrangers aux remords, que le pardon ne peut attendrir, que la clémence offense, que rien ne peut rassurer, parce qu'il est des consciences qui ne sauraient et qui ne veulent pas être rassurées. »

L'audace des coupables naît de leur impunité.

L'autorité, protectrice de l'ordre public, doit surtout lorsqu'il s'agit des intérêts les plus chers et les plus sacrés, s'occuper sans cesse de prévenir l'exécution des desseins criminels; et il est des hommes que la crainte seule des peines et des châtimens peut contenir. C'est cette pensée qui a déterminé le Roi à suppléer à l'insuffisance des lois existantes, par le projet de loi adopté par les chambres. Rendons grâces à la sagesse, à la prévoyance du Souverain;

depuis la promulgation de cette loi, la France jouit du calme après lequel soupiraient tous les citoyens paisibles.

Si d'un côté le Roi a gémi de se voir forcé de provoquer des mesures de rigueur contre quelques séditieux, d'une autre part Sa Majesté doit être bien dédommagée par les marques continuelles d'amour et de respect qu'elle reçoit de bons et loyaux sujets, partout où elle porte ses pas, et particulièrement dans nos faubourgs; car l'ouvrier laborieux aime la paix : ceux d'entr'eux qu'on avait forcés de se joindre aux fédérés, chérissent le Prince qui est venu les délivrer de cet esclavage. « Si tout mon peuple a un égal droit à mes soins, je me dois cependant plus particulièrement à la classe indigente. » Telles sont les paroles que Sa Majesté, peu de temps après son arrivée à Paris, avait adressées à la députation des quarante-huit bureaux de bienfaisance. On sait le tendre intérêt que Louis XVIII porte à la classe des artisans honnêtes : son cœur est aussi ému que satisfait lorsqu'il recueille leurs vives acclamations; et plus d'une fois, au moment où sa présence au milieu du peuple faisait couler des larmes d'attendrissement, on a vu le sensible Monarque ne pouvoir retenir les siennes. Cet amour du peuple ne fera qu'augmenter à mesure que le sort de la France s'améliorera. La paix au-dehors et la tranquillité intérieure auront bientôt ranimé le commerce, excité l'industrie, et rouvert toutes les sources de la prospérité nationale.

Le 20 *novembre*, le traité de paix avec les puissances étrangères, a été conclu à Paris, et la connaissance en a été donnée aux chambres dans la séance du 25, par M. le duc de Richelieu, qui s'y est rendu accompagné de tous les ministres.

« Messieurs, a-t-il dit, le Roi nous a chargé de communiquer aux chambres l'acte annoncé depuis si long-temps, attendu avec une si vive impatience, et par lequel, après huit mois de désordres, d'alarmes et de calamités sans mesure, qui ont effrayé l'Europe et désolé la France, le système de nos rapports politiques avec les Etats et les souverains étrangers, est définitivement établi. »

Voici le préambule du traité : « Les puissances alliées ayant, par leurs efforts réunis et par le succès de leurs armes, préservé la France et l'Europe des bouleversemens dont elles étaient menacées par le dernier attentat de Napoléon Bonaparte, et par le système révolutionnaire reproduit en France pour faire réussir cet attentat.

» Partageant aujourd'hui avec S. M. T. C. le désir de consolider, par le maintien inviolable de l'autorité royale et la remise en vigueur de la Charte constitutionnelle, l'ordre de choses heureusement rétabli en France, ainsi que celui de ramener entre la France et ses voisins ces rapports de confiance et de bienveillance réciproques, que les funestes effets de la révolution et du système de conquêtes avaient troublés pendant si long-temps ;

» Persuadées que ce dernier but ne saurait être atteint que par un arrangement propre à leur assurer de justes indemnités pour le passé, et des garanties solides pour l'avenir,

» Ont pris en considération, de concert avec Sa Majesté le Roi de France, les moyens de réaliser cet arrangement ; et ayant reconnu que l'indemnité due aux puissances ne pouvait être ni toute territoriale, ni toute pécuniaire, sans porter atteinte à l'un ou à l'autre des intérêts essentiels de la France, et qu'il serait plus convenable de combiner les deux modes de manière à prévenir ces deux inconvéniens, LL. MM. II. et RR. ont adopté cette base pour leurs transactions actuelles ; et, se trouvant également d'accord sur celle de la nécessité de conserver, pendant un temps déterminé, dans les provinces frontières de la France, un certain nombre de troupes alliées, elles sont convenues de réunir les différentes dispositions fondées sur ces bases dans un traité définitif. »

D'après les principales dispositions, les frontières de la France sont rétablies comme en 1790, sauf quelques alignemens de terrains, d'où il résulte la cession de quatre places fortes, Sarrelouis, Philippeville, Marienbourg et Landau. La moitié du pont entre Strasbourg et Kehl appartiendra à la France, et l'autre moitié au grand-duché de Bade. Par bienveillance pour la ville de Bâle, les fortifications d'Huningue seront démolies. La France paiera aux puissances alliées sept cent millions de francs, dans le courant de cinq années.

L'article 5 est ainsi conçu : « L'état d'inquiétude et de fermentation dont, après tant de secousses violentes, et surtout après la dernière catastrophe, la France, malgré les intentions paternelles de son Roi et les avantages assurés par la Charte constitutionnelle à toutes les classes de ses sujets, doit nécessairement se ressentir encore, exigeant, pour la sûreté des Etats voisins, des mesures de précaution et de garantie temporaire, il a été jugé indispensable de faire occuper, pendant un certain temps, par un corps de troupes alliées, des positions militaires le long des frontières de la France, sous la réserve expresse que cette occupation ne portera aucun préjudice à la souveraineté de S. M. T. C., ni à l'état de possession tel qu'il est reconnu et confirmé par le présent traité.

» Le nombre de ces troupes ne dépassera pas cent cinquante mille hommes. Le commandant en chef de cette armée sera nommé par les alliés.

» Ce corps d'armée occupera les places de Condé, Valenciennes, Bouchain, Cambrai, le Quesnoy, Maubeuge, Landrecies, Avesnes, Rocroy, Givet avec Charlemont, Mézières, Sedan, Montmédi, Thionville, Longwy, Bitche et le pont du Fort-Louis.

» L'entretien de l'armée destinée à ce service sera fourni par la France. Une convention spéciale règle les relations de l'armée d'occupation avec les autorités civiles et militaires du pays, et porte formellement que l'administration civile, celle de la justice, et la perception des impositions et contributions de toute espèce resteront entre les mains des agens de S. M. le Roi de France.

» Le *maximum* de la durée de cette occupation militaire est fixé à cinq ans; elle peut finir avant ce terme, si au bout de trois ans les Souverains alliés, après avoir, de concert avec S. M. le Roi de France, mûrement examiné la situation et les intérêts réciproques, et les progrès que le rétablissement de l'ordre et de la tranquillité aura fait en France, s'accordent à reconnaître que les motifs qui les portaient à cette mesure ont cessé d'exister; mais, quel que soit le résultat de cette délibération, toutes les places et positions occupées par les troupes alliées seront, au terme de cinq ans révolus, évacuées, sans autres délais, et remises à S. M. T. C. ou à ses héritiers et successeurs.

» Les troupes étrangères, autres que celles qui feront partie de l'armée d'occupation, évacueront le territoire français en vingt-un jours après celui de la signature du traité. »

« Telles sont les stipulations, a continué M. le duc de Richelieu, auxquelles les ministres du Roi n'ont pas cru pouvoir plus long-temps refuser de souscrire. Les engagemens que la France vient de contracter, sont comme un résultat inévitable des circonstances extraordinaires où, par la fatalité des événemens, elle se trouve aujourd'hui placée. Dans une position différente et dans d'autres temps, nous ne présenterions à la chambre qu'un de ces actes dont la série généralement uniforme compose le corps historique du droit public des nations; nous nous ferions un devoir d'en discuter tous les articles, et nous aimerions à en expliquer tous les motifs, mais il n'en est pas ainsi de la transaction que nous avons à vous présenter; elle se ressent, elle doit nécessairement se ressentir de la situation dans laquelle chacune des parties se trouve respectivement placée, comme des intérêts et des considérations qui résultent d'un état de choses inouï dans l'histoire, unique dans sa nature, et qui doit l'être dans ses conséquences.

» Après vingt-cinq années de troubles et d'efforts désordonnés qui, dans une suite non interrompue d'invasions, de conquêtes et de destructions sans cesse renouvelées, ont indistinctement compromis l'existence politique et menacé jusques à l'organisation sociale de tous les états, la restauration de la monarchie légitime de France avait été le prélude de la paix du monde : notre indépendance, notre territoire, notre considération au-dehors, et nos ressources réelles, n'avaient souffert aucune altération importante. Les souverains de l'Europe se félicitaient de la réconciliation heureuse qui venait de rétablir, entre la France et les autres nations, cette conformité de principes, cette réciprocité de maximes et de vues devenues, par un concert heureux, le gage le plus rassurant de la tranquillité et de la prospérité de tous.

» L'ouvrage de la félicité publique marchait chaque jour vers son perfectionnement, lorsqu'une crise alarmante vint tout-à-coup le suspendre et en arrêter les progrès.

» Une armée presque entière, détachée de son légitime Souverain qui, seul, avait le droit d'en disposer; séparée, par la perfidie de quelques chefs et par un entraînement sans exemple, de la nation au sein de laquelle elle avait été formée; une armée dont le courage s'employait à imposer un usurpateur à la France, et à l'Europe un oppresseur, a provoqué la lutte qui devait amener et sur elle et sur nous tous les désastres et toutes les calamités qui l'ont suivie.

« Le Roi comme Souverain, et la France comme Etat, n'ont cessé de s'opposer à ce mouvement coupable; mais par une combinaison peut-être sans exemple, tandis que la faction militaire méconnaissait la voix de l'un et trahissait les sentimens de l'autre, tous les deux étaient réservés à souffrir et des efforts de l'attaque et de ceux de la résistance, et des succès éclatans et des prodigieux revers qui ont caractérisé cette courte et mémorable campagne.

» Tels sont les événemens qui ont soustrait, en quelque manière, la destinée actuelle de l'Etat à l'action de son gouvernement; il a été obligé de composer non-seulement avec les prétentions, mais avec les alarmes que cette fatale rebellion a inspirées à l'Europe, et, ne pouvant méconnaître ni balancer l'incontestable supériorité qui demandait des sacrifices pénibles, mais en grande partie temporaires, il n'a pu voir dans ces sacrifices nécessaires qu'un moyen d'arriver à cette période d'espérance à laquelle la France entière aspire, et qui lui permettra enfin de jouir en paix et avec sécurité de ses avantages permanens.

» Loin de nous, messieurs, la pensée imprudente de former pour le présent ou de jeter dans l'avenir les germes d'un impolitique et dangereux mécontentement ! C'est de cette assemblée où siége l'élite du peuple français, où, par le suffrage libre et éclairé de leurs concitoyens, se trouvent réunis les hommes qui, par l'importance de leur position et les divers rapports de leur existence politique, ont dû ressentir plus immédiatement l'atteinte des malheurs publics, et qui, par leurs lumières, doivent être plus en mesure d'en discerner les causes et le remède; c'est de cette assemblée, dis-je, qu'il convient de faire entendre à la France des vérités sévères, et qui ne peuvent lui être révélées dans une circonstance plus solennelle.

» La France a nourri pendant un demi-siècle le désir, légitime dans son principe comme dans son objet, de voir réformer les abus qui s'étaient successivement introduits dans le système de sa politique intérieure. Cette réforme, que des vœux convenablement exprimés commençaient à obtenir d'un gouvernement paternel et sage, et qui de lui-même allait sur ce point au-devant de l'opinion éclairée du public; cette réforme, facile pour le gouvernement, était impossible à des réunions nombreuses, où le désir du bien ne peut être toujours tempéré par la prudence, où des tentatives hasardées devancent trop souvent la marche lente et assurée de l'expérience : de là des obstacles et de malheureuses défiances qui devaient produire et ont en effet produit des haines, des résistances et de funestes ressentimens. L'affaiblissement, la ruine du pouvoir, l'oubli de la religion, le mépris des lois, la dissolution des liens sociaux, ont été en France la suite immédiate de cette présomptueuse entreprise. Une alarme générale s'est aussitôt répandue au-dehors ; elle a, comme on devait s'y attendre, provoqué des guerres sans terme et sans mesure.

» La France, en butte à toutes les nations, a déployé une énergie extraordinaire ; tous les Etats ont souffert de ses efforts ; elle a porté presque partout ses armes victorieuses; mais, il faut le dire, partout où elle a vaincu, elle a excité des craintes, provoqué des vengeances, et allumé des ressentimens que le temps, qu'une grande modération, qu'une persévérante et invariable prudence pourront seuls parvenir à calmer.

» Vous avez été témoins de l'explosion de ces ressentimens, lorsqu'à la seconde apparition de l'homme fatal à la France, qui était parvenu à se faire une puissance, qu'il croyait indestructible, de la terreur que les principes révolutionnaires et le courage des armées françaises avaient partout répandue, lorsque, dis-je, l'Europe, à cette terrible apparition a pu craindre de se voir encore une fois subjuguée par des soldats que le même prestige entraînait et qui semblaient animés du même enthousiasme; un commun instinct de préservation a comme instantanément concentré sur le même objet toutes les craintes, toutes les haines, tous les intérêts des peuples épouvantés. La politique a oublié ses rivalités; tous les produits de l'agriculture, du commerce, toutes les propriétés ont été offertes en sacrifice; les âges, les sexes, toutes les classes de la population ont été entraînées par la même impulsion, et plus d'un million de soldats s'est précipité sur nos frontières.

» Sans doute, un tel appareil de forces n'était pas nécessaire pour abattre un parti qui était loin, comme on le pensait au-dehors, d'être secondé en France par le vœu national, par l'assentiment de l'opinion publique, et il ne nous est que trop permis de dire aux nations étrangères qu'elles ont été dans l'erreur sur la vraie mesure des forces qu'elles avaient à combattre, et que, dans le moment même où la faction faisait éclater ses fureurs, le peuple français était uni par ses vœux à son légitime Souverain : mais ses efforts ont été paralysés par la perversité de ceux qui l'ont trahi; et les hommes généreux qui, de tous les points de la monarchie, préparaient la ruine du pouvoir usurpé, n'ayant pu commencer leurs mouvemens avant ceux des armées alliées, ni agir avec la même promptitude et la même efficacité, elles ont considéré la chute du tyran comme l'effet immédiat de leur victoire; et la France, par cette combinaison de circonstances malheureuses, se voit ainsi exposée à répondre de tous les sacrifices, des pertes et des dommages éprouvés, bien qu'ils puissent être le résultat d'une alarme exagérée.

» La rigueur extrême de ce principe aurait pu être tempérée dans son application, par l'équité et la magnanimité des Souverains ; mais il existe des considérations qui ont pu entraîner leur détermination, et qu'il est indispensable de connaître.

» Les Souverains influent sur la destinée des peuples par l'exercice de leur pouvoir, et les peuples, à leur tour, influent sur les conseils des Souverains par l'action puissante de l'opinion : cette action acquiert une nouvelle force, lorsque l'opinion d'un peuple est fortifiée par l'accord de plusieurs autres, et qu'elle est devenue, par la nature des événemens, une des causes les plus efficaces de leurs triomphes : si le souvenir des procédés violens, des vives alarmes, de maux long-temps soufferts et souvent renouvelés, vient se réunir à l'exaltation du succès, alors les Souverains mêmes sont comme involontairement entraînés à des mesures qui répugnent à leurs sentimens personnels ; et, malgré eux sans doute, leurs déterminations se ressentent des passions mêmes que leur générosité personnelle réprouve.

» J'ai cru devoir, messieurs, faire précéder de ces observations la communication des deux conventions accessoires au traité, dont il me reste à vous donner lecture. Les charges qui nous ont été imposées sont pesantes, et les défiances qu'on nous montre sont bien faites pour nous affecter ; mais réfléchissez, messieurs, à l'impression funeste qu'a dû faire sur l'Europe étonnée et irritée la catastrophe malheureuse dont la France vient d'être la victime, et encore plus la facilité avec laquelle les séditieux sont parvenus à triompher de leur propre patrie ; réfléchissez que les temps où nous avons le malheur de vivre, succèdent immédiatement à une époque fatale, où, pendant vingt-cinq ans, le respect dû aux alliances, aux engagemens de la paix, la fidélité aux promesses, la bonne foi, la loyauté, ces bases autrefois si révérées de la sécurité des Etats, ont été ébranlées dans leurs fondemens : observez que la violation habituelle, et, pour ainsi dire, systématique, de toutes les règles morales de la politique, est comme inhérente au principe même des révolutions ; principe effrayant et funeste, dont il a été fait en France et avec tant d'éclat une profession malheureusement si récente : pensez enfin que ces infractions si multipliées de tout ce qu'il y a de plus sacré parmi les hommes, ont fait tour-à-tour le malheur de tous les peuples, et que le plus grand de nos maux est d'être encore, malgré nos disgrâces et l'utile leçon que vous voulez en tirer, un objet de défiance et de crainte pour tous ceux sur lesquels nous avons exercé des droits que la fortune leur a donné la faculté d'exercer à leur tour sur nous.

» Forcés de nous soumettre aux maux que la Providence nous envoie, tournons nos regards vers le Roi que le ciel nous a rendu : nous partageons sa douleur; imitons sa noble et touchante résignation. Il est personnellement l'objet de la confiance et de la vénération des peuples et des Rois; sa magnanime constance a conquis pour nous l'amitié des Souverains ; cette amitié, si elle est aidée par notre prudence, par notre modération, et par notre fidélité à remplir les engagemens contractés, conquerra pour la nous confiance et l'affection de tous les peuples.

» Nous avons assez ambitionné, nous avons

assez obtenu la fatale gloire qu'on acquiert par le courage des armées et par les sanglans trophées de leurs victoires ; il nous reste une meilleure gloire à acquérir : forçons les peuples, malgré le mal que l'usurpateur leur a fait, à s'affliger de celui qu'ils nous font ; forçons-les à se fier à nous, à nous bien connaître, à se réconcilier franchement et pour jamais avec nous.

» Je vais, messieurs, vous donner lecture des deux conventions accessoires, dont l'une règle l'acquit des sommes annuelles qui doivent compléter le paiement de l'indemnité stipulée dans l'article 4 du traité principal ; et l'autre détermine la forme et le mode de l'exécution de l'article 5 relatif à l'entretien temporaire d'une armée étrangère sur nos frontières. »

Après avoir donné lecture des deux conventions accessoires, dont l'une règle l'acquit des sommes annuelles qui doivent compléter le paiement des sept cent millions ; et l'autre détermine la forme et le mode de l'exécution de l'article relatif à l'entretien temporaire d'une armée étrangère sur nos frontières, M. le duc de Richelieu s'est exprimé en ces termes :

« Après des discussions longues et soutenues, où des demandes plus exorbitantes encore nous avaient été faites et ont été enfin retirées, celles qui vous sont communiquées nous ont été présentées comme un *ultimatum*, et les considérations les plus urgentes et les plus impérieuses nous ont fait une loi d'y souscrire.

» Ces demandes sont certainement la partie la plus onéreuse, la plus dure et la plus pénible des stipulations que nous avons eu à discuter, et il suffit qu'on sache qu'elles ont été proposées à des Français, pour qu'on doive en conclure que la nécessité, et la nécessité la plus indispensable, a pu seule les déterminer à y souscrire. Mais, si, à l'exemple du Roi, que nous avons entendu, messieurs, à l'ouverture de votre session, avec cet accent de franchise et de bonté qui sont les traits les plus saillans de son noble caractère, vous exprimer la profonde douleur dont son cœur est pénétré; si, dis-je, il peut nous être permis de rendre compte devant vous, et à la face de l'Europe, des impressions que nous avons ressenties, je dirai qu'arrivés à cette période de la négociation la plus épineuse qui ait jamais exercé le zèle et éprouvé le dévouement des serviteurs d'un Roi malheureux, après avoir épuisé tous les moyens de discussion et de résistance que pouvaient suggérer la raison et cette politique prévoyante qui, dans la bonne comme dans la mauvaise fortune, devrait être la règle constante de la conduite des cabinets, voyant d'une part, dans les dispositions des ministres des puissances une détermination invariablement arrêtée ; voyant, de l'autre, que la crise actuelle mettait incessamment en action sur l'étendue de la France le principe d'une oppression, d'un appauvrissement, d'une irritation, et enfin une suite de dévastations qui semblaient tous les jours s'accroître et prendre de nouvelles forces, nous avons jugé que, si nous laissions cette crise se prolonger indéfiniment, il y allait du sort de la France, du sort même de ceux qui nous ont imposé de si grands sacrifices, et peut-être de la destinée de l'ordre social en Europe.

» Et c'est à la vue de tant de dangers que, sacrifiant sans hésiter toutes nos répugnances, nous avons accepté, au nom du Roi, au nom de la patrie, les conditions qui vous sont présentées. »

Le 20 novembre, a dit un publiciste, en parlant de ce traité, *est le lendemain de la journée du 20 mars.* Réfléchissons donc, et sachons reconnaître que si les puissances alliées ont pris des déterminations aussi sévères, c'est par la haine qu'elles ont conçue pour le parti révolutionnaire. Pénétrons-nous bien que nous devons à la confiance qu'elles ont dans les principes de bonté et de sagesse qui distinguent Louis XVIII, de les avoir décidées à se relâcher de prétentions plus exigeantes encore. Ce petit-fils du bon Henri, uni d'intérêt, d'amour-propre et d'affection à son peuple, comme le sont les souverains légitimes, a versé, dit-on, de nobles larmes en souscrivant à ce traité. Les tribulations de l'exil ne lui en avaient pas fait répandre : tout ce qui lui fut personnel dans la catastrophe du mois de mars n'ébranla point sa fermeté ; les maux de la France ont seuls déchiré son cœur.

On ne lira pas sans être profondément ému, cette lettre que Sa Majesté ordonna à son ministre secrétaire d'état de l'intérieur d'adresser au maire de Landau :

» Vous connaissez sans doute le traité conclu à Paris entre le Roi et les puissances alliées. Il est la suite de la criminelle conspiration qui a conduit l'usurpateur en France : quelque pénibles qu'en soient les conditions, le Roi a ordonné de le signer, pour mettre un terme aux calamités de toute espèce qui accablaient notre patrie. Par ce traité la France cède quatre places aux alliés ; votre ville est une de ces places.

» Je remplis, Monsieur, un devoir bien douloureux, en vous priant de préparer vos concitoyens au triste sacrifice qu'ils sont forcés de faire. Le Roi m'ordonne de vous dire quelle a été sa profonde affliction, quand il a vu qu'une impérieuse nécessité le contraignait à vous séparer de sa grande famille. Témoin des événemens, vous avez pu les juger ; vous avez vu quel honteux abandon des drapeaux de la patrie nous a conduits sur le bord d'un abîme, et vous avez dû pressentir qu'on ne pouvait la sauver sans des sacrifices. De tous les maux dont la trahison vient d'acoabler S. M., il n'en est pas de plus dur pour elle que l'ordre qu'elle me donne aujourd'hui.

» Le lien qui vous unissait à la France est rompu, mais l'affection de Sa Majesté pour vous subsistera toujours. Elle n'oubliera jamais les preuves de fidélité que vous lui avez données; ses descendans vous conserveront toujours le même intérêt, et les tristes pages de l'histoire de ces temps malheureux retraceront le souvenir de la profonde douleur dont votre séparation a pénétré le meilleur des Rois. Soyez son interprète auprès de vos concitoyens : dites-leur que Sa Majesté leur offre au nom de la patrie et en son nom les tristes et dernières assurances de ses regrets et de son amour.

» De nouveaux devoirs vous sont imposés. Remplissez-les avec le même zèle, la même loyauté qui vous ont toujours distingués; cherchez dans la pensée que le pénible sacrifice qui vous est demandé concourt à sauver la France, un adoucissement à la cruelle séparation exigée de vous par une invincible fatalité. »

Que cet exposé des sentimens du Roi est

noble et touchant ! ce sont là réellement les adieux du plus tendre des pères !....

L'histoire dira que jamais aucun des souverains de la France n'a possédé, dans un degré aussi éminent que les Bourbons, cette sensibilité exquise, apanage d'une âme royale ardemment éprise de l'amour du peuple.

Méditons avec fruit cette belle réponse de notre Monarque à la chambre des députés : « Roi d'un autre pays, j'aurais pu perdre l'espérance ; mais le Roi de France ne désespère jamais avec des Français. Qu'ils ne forment qu'un faisceau, et nos malheurs se répareront. » Que de sentimens ce peu de paroles réveille dans les cœurs ! qui ne serait fier, après les avoir entendues, d'être sujet d'un tel Monarque et citoyen d'une telle patrie ! Oui, toutes ces charges qui paraissent si énormes, ces conditions si rigides, ce fardeau si lourd de la dette publique, tout deviendra léger, si les Français se réunissent sincèrement dans le besoin de réparer leurs maux : suivons l'exemple de notre Roi, soyons bons Français, et nous sommes sauvés.

Le même jour de la signature de la paix avec

la France, les puissances alliées ont conclu entr'elles le traité suivant, qui détruit toutes les espérances que les révolutionnaires pourraient fonder sur l'avenir.

« Le but de l'alliance conclue à Vienne, le 25 mars 1815, ayant été heureusement atteint par le rétablissement en France de l'ordre des choses que le dernier attentat de Napoléon Bonaparte avait momentanément subverti, LL. MM. l'Empereur d'Autriche, le Roi du royaume uni de la Grande-Bretagne et d'Irlande, le Roi de Prusse et l'Empereur de toutes les Russies, considérant que le repos de toute l'Europe est essentiellement lié à l'affermissement de cet ordre de choses, fondé sur le maintien de l'autorité royale et de la Charte constitutionnelle, et voulant employer tous leurs moyens pour que la tranquillité générale, objet des vœux de l'humanité et but constant de leurs efforts, ne soit pas troublée de nouveau; désirant en outre de resserrer les liens qui les unissent pour l'intérêt commun de leurs peuples, ont résolu de fixer d'avance, par un traité solennel, les principes qu'elles se proposent de suivre pour garantir l'Europe des dangers qui pourront encore la menacer.

Leurs plénipotentiaires se sont réunis sur les articles suivans :

« Art. 1ᵉʳ. Les hautes parties contractantes se promettent réciproquement de maintenir, dans sa force et vigueur, le traité signé aujourd'hui avec S. M. T. C., et de veiller à ce que les stipulations de ce traité, ainsi que celles des conventions particulières qui s'y rapportent, soient strictement et fidèlement exécutées dans toute leur étendue.

» 2. S'étant engagées dans la guerre qui vient de finir, pour maintenir inviolables les arrangemens arrêtés à Paris l'année dernière pour la sûreté et l'intérêt de l'Europe, les hautes parties contractantes ont jugé convenable de renouveler par le présent acte, et de confirmer comme mutuellement obligatoires, lesdits arrangemens, sauf les modifications que le traité signé aujourd'hui avec les plénipotentiaires de S. M. T. C. y a apportées, et particulièrement ceux pour lesquels Napoléon Bonaparte et sa famille, ensuite du traité du 11 avril 1814, ont été exclus à perpétuité du pouvoir suprême en France, laquelle exclusion les puissances contractantes s'engagent, par le présent acte, à maintenir en pleine vigueur, et s'il était nécessaire avec toutes leurs forces.

» Et comme les mêmes principes révolutionnaires qui ont soutenu la dernière usurpation criminelle pourraient encore, sous d'autres formes, déchirer la France, et menacer ainsi le repos des autres Etats, les hautes parties contractantes reconnaissent solennellement le devoir de redoubler leurs soins pour veiller, dans des circonstances pareilles, à la tranquillité et aux intérêts de leurs peuples; et s'engagent, dans le cas qu'un aussi malheureux événement vînt à éclater de nouveau, à concerter entr'elles et avec S. M. T. C. les mesures qu'elles jugeront nécessaires pour la sûreté de leurs Etats respectifs et la tranquillité générale de l'Europe.

» 3. En convenant avec S. M. T. C. de faire occuper pendant un certain nombre d'années, par un corps de troupes alliées, une ligne de positions militaires en France, les hautes parties contractantes ont eu en vue d'assurer, autant qu'il est en leur pouvoir, l'effet des stipulations des articles 1er et 2 du présent traité; et, constamment disposées à adopter toute mesure salutaire propre à assurer la tranquillité en Europe par le maintien de l'ordre établi en France, elles s'engagent, dans le cas où ledit corps d'armée fût attaqué ou menacé d'une attaque de la part de la France, comme dans celui que les puissances fussent obligées de se remettre en état de guerre contre elle, pour maintenir l'une ou l'autre desdites stipulations, ou pour assurer et soutenir les grands intérêts auxquels elles se rapportent, à fournir sans délai, d'après les stipulations du traité de Chaumont, et notamment d'après les articles 7 et 8 de ce traité, en sus des forces qu'elles laissent en France, chacune son plein contingent de soixante mille hommes, ou telle partie de ce contingent que l'on voudra mettre en activité, selon l'exigence du cas.

» 4. Si les forces stipulées par l'article 3 se trouvaient malheureusement insuffisantes, les hautes parties contractantes se concerteront sans perdre de temps sur le nombre additionnel de troupes que chacune fournira pour le soutien de la cause commune, et elles s'engagent à employer, en cas de besoin, la totalité de leurs forces pour conduire la guerre à une issue prompte et heureuse, se réservant d'arrêter entre elles, relativement à la paix qu'elles signeront d'un commun accord, des arrangemens propres à offrir à l'Europe une garantie suffisante contre le retour d'une calamité semblable.

» 5. Les hautes parties contractantes s'étant réunies sur les dispositions consignées dans les articles précédens, pour assurer l'effet de leurs engagemens pendant la durée de l'occupation temporaire, déclarent en outre qu'après l'expiration même de cette mesure, lesdits engagemens n'en resteront pas moins dans toute leur force et vigueur, pour l'exécution de celles qui sont reconnues nécessaires au maintien des stipulations contenues dans les articles 1 et 2 du présent acte.

» 6. Pour assurer et faciliter l'exécution du présent traité, et consolider les rapports intimes qui unissent aujourd'hui les quatre souverains pour le bonheur du monde, les hautes parties contractantes sont convenues de renouveler, à des époques déterminées, soit sous les auspices immédiats des souverains, soit par leurs ministres respectifs, des réunions consacrées aux grands intérêts communs et à l'examen des mesures qui, dans chacune de ces époques, seront jugées les plus salutaires pour le repos et la prospérité des peuples et pour le maintien de la paix de l'Europe. »

Ce dernier article, surtout, plein d'une douce philanthropie, donne enfin l'espoir aux amis de l'humanité de voir, pendant de longues années, la paix régner sur cette terre d'où elle n'a été que trop long-temps bannie. Nous aimons à croire que les sages mesures par lesquelles les souverains veulent prévenir toutes nouvelles révolutions, n'auront jamais occasion d'être déployées. L'exemple sévère de la condamnation du maréchal Ney, doit être un avertissement salutaire pour les hommes qui seraient tentés à l'avenir de trahir ou de conspirer.

La volonté du Roi est de jeter un voile sur les erreurs et les fautes communes : Sa Majesté a abandonné à la justice le soin de punir les attentats et les trahisons ; et pour ne pas laisser le soupçon s'étendre, Elle a voulu limiter le nombre des coupables dans la conspiration du mois de mars. Il y a donc sécurité pour tous les Français, quelque parti qu'ils aient suivi. Toutes les existences sont sous la garantie de la loi et sous l'égide d'un Monarque qui veut être le père de son peuple. Pour la seconde fois la patrie a rejeté de son sein le Corse, auteur de tous ses désastres : que ses partisans même reconnaissent enfin qu'il est plus glorieux pour nous de voir un Bourbon à notre tête.

Les Bourbons, nés Français, règnent depuis huit cents ans sur notre pays ; leurs alliances et la considération européenne que commande leur illustre maison, nous ont seules conquis plusieurs de nos plus belles provinces ; elles nous ont acquis aussi des traités d'amitié et de famille avec des ennemis long-temps regardés comme irréconciliables : notre population, nos richesses et notre renommée n'ont cessé de s'accroître à l'ombre de leur sceptre. L'histoire n'offre chez aucun peuple une suite aussi nombreuse de Monarques révérés pour leur sagesse et pour leur courage.

Les règnes de Philippe-Auguste, de saint

Louis, de Charles V, de Louis XII, de François Ier, de Henri IV, brillant tous d'un éclat différent, se ressemblent tous par cette admirable bonté qui n'a cessé pendant huit siècles de caractériser les Bourbons.

C'est ainsi que conduits par eux, d'âge en âge, à un état plus glorieux et meilleur, nous sommes arrivés à ce grand siècle qui fait époque dans l'histoire du monde, et qui fut nommé, par l'Europe elle-même, du nom du Bourbon qui régnait alors sur la France. Louis XIV, comme l'a dit un de nos plus grands écrivains, fut l'Apollon des Français. A sa voix, tous les grands hommes qui avaient illustré l'antiquité pendant vingt-cinq siècles, semblèrent comme renaître à la fois parmi nous pour y naturaliser tout ce qui perfectionne et embellit la civilisation.

L'Europe étonnée nous admira, imita nos mœurs, parla notre langue et reconnut des maîtres. Le monde de l'antiquité fut Romain par la force des armes; le monde moderne devint Français par la puissance de l'exemple et le charme de la persuasion.

Voilà l'état glorieux et fortuné dans lequel,

il y a à peine un siècle, un Bourbon laissa notre patrie; et s'il est vrai que la gloire soit le premier besoin d'un cœur Français, quelle reconnaissance ne devons-nous pas à la noble race qui nous a légué tant de souvenirs et un si riche héritage !

Une antique et solide gloire répand donc l'éclat le plus imposant sur le nom et la personne de nos Princes légitimes; dégagés de toute ambition personnelle, ceux-là n'auront jamais d'autre but que le bonheur de la France. En les comblant de notre amour, l'intérêt particulier s'allie avec l'intérêt général. N'oublions pas que notre union hâtera le moment de notre félicité.

L'intérêt public doit prendre le premier rang parmi tous les intérêts : le vœu de la réconciliation doit sortir de tous les cœurs, subjuguer tous les partis, triompher de toutes les passions. Peut-il se trouver encore de stupides enthousiastes de l'aventurier, cause de tous les maux que nous ressentons? Non : il ne doit plus y avoir en France que deux espèces d'hommes, les gens de bonne foi, qui veulent toujours le bien, et les gens de mauvaise foi, qui croient toujours gagner au mal. Tout citoyen qui aime la patrie pour elle-même, qui désire son bonheur avec franchise, et qui est décidé à y contribuer au prix de quelques sacrifices, doit sentir que le salut de l'Etat est dans la réunion sincère des différens partis autour du Roi et de la Charte constitutionnelle.

Le Roi et la patrie, la patrie et le Roi, sont inséparables; les liens qui les unissent sont indissolubles. Que tous ceux à qui le nom de Français est cher se réunissent à Louis XVIII; ce Prince auguste, que l'Europe a salué du nom de Sage, que nos cœurs ont appelé du nom de Désiré (1), et qui pouvait seul, par l'ascen-

---

(1) La Chambre des députés des départemens ayant présenté au vertueux Monarque une adresse dans laquelle on lui décernait solennellement ce nom de Désiré, si beau, si flatteur quand il est l'expression de la volonté, le Roi répondit avec émotion : « Bien des noms ont été donnés par l'enthousiasme; mais dans celui que le peuple Français, qui a toujours été distingué par son amour pour ses Rois, me décerne aujourd'hui par votre organe, et que j'accepte de tout mon cœur, je vois l'expression des sentimens qui l'unirent toujours à son Roi, et qui firent ma consolation dans le temps de ma longue adversité. »

dant de ses vertus, désarmer la colère céleste, éteindre les guerres civiles qui déchiraient notre belle patrie, nous réconcilier avec les nations étrangères, et vaincre leurs ressentimens. Trop de sang a coulé, l'humanité respire enfin. La religion, l'honneur, la vertu ont triomphé. Nous renaissons à la liberté, non pas à cette liberté qu'on voulait nous forcer de chanter les fers aux pieds et aux mains, mais à cette liberté aussi réelle que sage, dont la première époque du règne de Louis XVIII nous donna l'idée, et que la Charte, ouvrage immortel d'un Monarque bienfaisant, nous assure à jamais.

FIN.

www.ingramcontent.com/pod-product-compliance
Lightning Source LLC
Chambersburg PA
CBHW060600170426
43201CB00009B/839